# 40 Jahre DDR

# ...und die Bürger melden sich zu Wort

Bärbel Bohley, Jürgen Fuchs
Katja Havemann, Rolf Henrich, Ralf Hirsch
Reinhard Weißhuhn u. a.

W0061000

Eine Gemeinschaftsausgabe
der Büchergilde Gutenberg und des
Carl Hanser Verlags

Alle Rechte vorbehalten
© 1989 Ralf Hirsch, Berlin
© für die Buchausgabe:
Büchergilde Gutenberg, Frankfurt am Main
Satz: Dörlemann Satz GmbH, Lemförde
Druck und Bindung:
Druck- und Buchbinderei-Werkstätten
May + Co, Darmstadt
ISBN Büchergilde Gutenberg
3-7632-8973 9

ISBN Carl Hanser Verlag
3-446-15 902-9

In diesem Buch versuchen Menschen, versuchen Bürger der DDR, ihr Lebensgefühl in diesem Land zu beschreiben. Sie sprechen über ihre persönlichen und politischen Wünsche, Verzweiflungen und Träume. Indem sie sich zu Wort melden, leisten sie Widerstand in einem Land der Sprachlosigkeit und der Lüge. Ein Teil tut dies noch anonym, aber irgendwann werden sie aufstehen und sagen: Ich, Else Meier, denke, daß . . . ich will, daß . . . Sie werden das in aller Öffentlichkeit sagen, und man wird sie hören müssen.

»Wir können noch Hoffnung haben, Hoffnung, daß wir unsere Sprache wiederfinden, Hoffnung, daß wir nicht für immer verloren sind . . . Steht auf, bewegt euch, geht, aber nicht in den Westen, sondern auf die Straße! . . . Ich möchte genausowenig Bürger eines Staates sein, der asylbeantragende Kurden in den Tod springen läßt, wie ich Bürger eines Staates sein möchte, der seine Bürger entmündigt und einsperrt. Leider gibt es nicht mehr Deutschlands, und ich mußte mich für eines entscheiden. Und so habe ich mich wie viele andere hier für dieses Land entschieden. Die Millionen Unentschlossenen entscheiden sich vielleicht auch für dieses Land, wenn sich die Möglichkeit für sie ergibt, es so zu verändern, wie sie es wollen. Diese Möglichkeit muß von ihnen und uns erkämpft werden.« (Bärbel Bohley)

»Man muß davon reden, daß der ganze reale Sozialismus einfach nichts weiter ist als eine Fiktion. Die hatten unsere Oberen, und die haben es mit den unterschiedlichsten Mitteln geschafft, daß alle mitspielen in ihrem Spiel, ihre Fiktion mittragen. Und jetzt kriegen sie die Quittung dafür. Plötzlich haben die Statisten keine Lust mehr, ihre Rolle weiterzuspielen. Jetzt sagen die da oben: Wir wollen keinen Kapitalismus. Ich will auch keinen Kapitalismus. Aber von Sozialismus zu reden, der nur noch zu verbessern und zu verändern wäre, das hat sich wohl erübrigt.« (Katja Havemann)

# Vierzig Jahre Warten

Vierzig Jahre sind eine lange Zeit. Für einen Menschen sind sie das halbe Leben und für viele schon das ganze. Vor vierzig Jahren ist dieser Staat gegründet worden – kein besonderer Grund zum Feiern, denn diese Staatsgründung ist ein Ergebnis des vorangegangenen entsetzlichen Krieges. In den Geschichtsbüchern späterer Generationen wird der 40. Jahrestag der DDR kein besonderes Datum sein. Aber was bedeutet er für uns heute? Haben wir Grund zum Feiern? Welche Gedanken und Gefühle haben die Menschen, die in diesem Land leben? Sind ihre Erwartungen, ihre Hoffnungen erfüllt worden?

Seit der Staatsgründung hat die Regierung mit der Bevölkerung noch immer keinen wirklichen Frieden geschlossen, denn seitdem haben etwa vier Millionen Menschen – wer kennt die genaue Zahl? – das Land verlassen. In diesem Jahr haben allein bis zum 1. September fast 60 000 Menschen der Republik den Rücken gekehrt. Über ihre Gründe und Motive konnten wir einiges erfahren, denn der eine oder andere von ihnen kam im Westfernsehen zu Wort. Wir haben ihren hilflosen Versuchen, sich und ihre Gründe zu erklären, zugesehen und zugehört. Weil ihre Antworten dem Reich des Banalen entflohen zu sein scheinen und sie die Vorstellungen des Westens bereit sind zu bedienen, überfiel mich kaltes Grausen, und ich erinnerte mich an ein Gedicht des italienischen Schriftstellers Cesare Pavese:

> Ein Volk
> legt es in Ketten
> beraubt es
> stopft ihm den Mund
> es ist noch frei.

Nehmt ihm die Arbeit weg
den Paß
den Tisch, an dem es ißt
das Bett, in dem es schläft
es ist noch reich.

Ein Volk
wird arm und knechtisch
wenn sie ihm die Sprache rauben
die es von den Vätern
ererbt
es ist für immer verloren.

Wir liegen an der Kette, man hat uns den Mund gestopft, aber wir könnten noch frei sein. Wir haben keinen Paß, aber wir sind noch reich. Wir sprechen noch deutsch ... aber wir können uns nicht mehr verständlich machen. Haben wir uns die Sprache rauben lassen, und sind wir ein knechtisches Volk geworden?
Hat man uns wirklich die Sprache geraubt? Oder haben wir sie nicht, wie vorher unsere Väter schon, selbst im Stich gelassen, indem wir uns an den Lügen beteiligt haben? Sind wir ein knechtisches Volk geworden, weil wir jahrelang die Wahrheit nur in den Warteräumen unserer vier Wände geflüstert haben, und wenn öffentlich, dann fast immer nur an den Biertischen? Und jetzt können wir auch vor den Fernsehkameras, in aller Öffentlichkeit, nur die Worte stammeln, die uns an den Biertischen über die Lippen kamen. Sie taumeln wie betrunken umher, undifferenziert und hilflos. Das ist die Strafe für unser Schweigen, für unsere Lügen.
Wer kann uns aus dieser Sprachlosigkeit erlösen? Wo sind unsere Dichter und Schriftsteller, warum versuchen sie nicht, die Wahrheit sichtbar zu machen, warum sprechen sie nicht, warum schweigen sie? Ist ihnen der Paß wichtiger geworden als die Sprache?

In diesem Heft versuchen Menschen ihr Lebensgefühl in diesem Land zu beschreiben. Sie sprechen über ihre persönlichen und politischen Wünsche und Träume. Sie versuchen, die Vergangenheit und die Gegenwart zu reflektieren. Sie leisten Widerstand in einem Land der Sprachlosigkeit und der Lüge, indem sie sich zu Wort melden. Ein Teil tut das noch anonym, aber irgendwann werden sie aufstehen und sagen: Ich, Else Meier, denke, daß ... ich will, daß ... Sie werden das in aller Öffentlichkeit sagen, und man wird sie hören müssen.

Es spricht für sich, daß in diesem Heft niemand vertreten ist, der eine leitende Stellung im Staat oder in der Partei einnimmt. Es hat sich auch kein ehemaliges Opfer des Stalinismus bereitgefunden, über sich und seine Erlebnisse zu sprechen. Keiner der übrigen aber, die gefragt wurden, ob sie zu einem solchen Gespräch bereit seien, hat verneint. Wenn es auch manchmal nur die halbe Wahrheit ist, die gesagt wurde, so sind es doch die ersten Schritte ... Wir können also noch Hoffnung haben, Hoffnung, daß wir unsere Sprache wiederfinden, Hoffnung, daß wir nicht für immer verloren sind.

In den Gesprächen wird deutlich, wie sehr die Menschen resigniert haben. Alle Hoffnungen wurden zerschlagen, es ging immer nur »bergab«, ein ständiger politischer und wirtschaftlicher Niedergang. Gerade die Generation der Vierzigjährigen verzweifelt, wenn sie sich vorstellt, daß es noch einmal zwanzig Jahre so weitergehen sollte. Dann ist auch ihr Leben vorbei, einer Fiktion geopfert. Denn der Sozialismus ist tot. Die Morgenröte war nichts weiter als der Widerschein eines erlöschenden Feuers. Aber obwohl der Sozialismus tot ist, bevor er begonnen hat zu leben, können seine ursprünglichen Inhalte nicht einfach ad acta gelegt werden. Trotz aller vernichtenden Kritik am Sozialismus – seinem Gesundheitswesen, der Volksbildung, seiner Arbeitswelt, dem menschlichen Zusammenleben, an der Perspektivlosigkeit des einzelnen und der ganzen Gesellschaft – wird deutlich, daß die Menschen nicht unbedingt den Kapitalismus hier haben wollen. Sogar für denjenigen, der das Land verlassen will, ist der Westen nur ein besserer Kompromiß. Sie wollen etwas anderes, Neues. Wie sie persönlich leben wollen, das wissen die meisten. Aber wie die Gesellschaft aussehen soll, in der sie so leben können, wie sie wollen, das wissen die wenigsten. Trotzdem heißt der Minimalkonsens der Gesellschaft: Es muß anders werden!

Was aber ist notwendig, damit dieses Neue, andere überhaupt formuliert werden kann?
Ich denke, daß wir zwei Tatsachen annehmen müssen. Die eine ist, daß es zwei deutsche Staaten gibt und die andere, daß in der DDR nur eine unbedeutende Opposition existiert. Mit dem Verleugnen dieser beiden Tatsachen hängt eng unsere bisherige vergebliche Identitätssuche zusammen. Wir haben die eigene Verantwortung für die notwendigen Veränderungen abgegeben an die jeweilige Regierung Westdeutschlands. Wir haben uns zufriedengegeben, wenn dabei wenigstens Reiseerleichterungen für einzelne herausgekommen sind. Vierzig Jahre nach der Teilung Deutschlands in zwei deutsche Staaten muß diese Teilung akzeptiert werden, nicht nur vom Westen, auch von uns. Die Nichtakzeptanz dieser Teilung hat in unserer Gesellschaft die Bildung einer breiten Oppostition verhindert. Wir waren uns des Zustands der Unmündigkeit bewußt, in dem uns unsere Regierung hält, haben ihn abgelehnt und uns still ergeben, in der Hoffnung, daß die Bundesregierung etwas für uns tun wird. Inzwischen sitzen die Regierungen gemeinsam an einem Tisch, die anerkannte verhandelt mit der von ihr nicht anerkannten, trifft Abmachungen ...
Die Regierung der DDR hat unter der Beteiligung der Bundesrepublik seit Jahrzehnten das kritische Potential in

der Bevölkerung verkaufen können. Dies war für beide Regierungen notwendig, denn sonst wären unsere Gefängnisse brechend voll, und an der Nahtstelle der Systeme wäre es schon längst zu Unruhen gekommen, die beiden Systemen nicht gedient hätten. Jetzt aber wird doch ganz offensichtlich, daß es nur um Beruhigungspolitik ging, denn jetzt werden die ausreisewilligen Menschen vom Westen aufgefordert, sich ruhig zu verhalten und sich in die Warteschlange einzureihen. Gern sind sie im Westen nicht mehr gesehen, ob sie es hier noch aushalten oder nicht. Die Kirche in der DDR beteiligt sich an den Appellen und fordert zum Bleiben auf, ohne eine Alternative zu bieten, die nur heißen kann: Steht auf, bewegt euch, geht, aber nicht in den Westen, sondern auf die Straße! Eine Lösung der Probleme ist ohne unsere Einmischung ganz bestimmt wieder nur eine, in der wir den kürzeren ziehen. Wir müssen über unsere Zukunft selbst entscheiden.

Die Regierung der DDR scheint schon abgetreten zu sein, denn sie schweigt – zu diesem Problem und vielen anderen. Ob diese Regierung vom Westen anerkannt ist oder nicht, kann uns gleichgültig sein. Tatsächlich ist sie es ja bereits, während wir von niemandem anerkannt sind – nicht als mündige Staatsbürger hier und nicht in der Bundesrepublik, die uns ungefragt zu ihren Bürgern erklärt. Die Selbstbestimmung wird uns auf verschiedene Weise von beiden abgesprochen.

Wie sich das Leben hier gestalten wird, hängt auch von uns ab, und uns das zuzugestehen ist wichtig für unsere Emanzipation. Jeder, der an dem zubetonierten System des real existierenden Sozialismus scheitert, soll einen Asylantrag für die Bundesrepublik stellen können, ebenso wie jeder aus dem real existierenden Kapitalismus. Und der wird dann hoffentlich genehmigt.

Unsere Anerkennung als Staatsbürger dieses Landes, die zur Mündigkeit fähig sind, ist eine Voraussetzung für eine

Wiedervereinigung. Die siamesischen Zwillinge, die nur noch an den Händen und Füßen verbunden sind, müssen getrennt werden. Vielleicht fassen sie sich irgendwann wieder bei der Hand, vielleicht gehen sie aber auch eigene Wege. Das aber muß von den Menschen entschieden werden, die im Osten und im Westen leben. Deshalb müssen die, die in der DDR leben, als souveräne Staatsbürger akzeptiert werden, die selbst über ihre Regierung entscheiden wollen und müssen. Diese anzuerkennen oder abzulösen muß unsere Sache sein.

Wir als Bürger wollen gefragt werden, ob wir damit einverstanden sind, daß dieses Land eine Mülldeponie des Westens wird, daß unser Trinkwasser an den Westen verkauft wird und unsere wenigen Krankenhausbetten für Devisen vermietet werden, ob wir alles an den Westen zu verkaufen bereit sind, angefangen bei den Menschen bis hin zu den Pflastersteinen unserer Straßen.

Ich möchte genausowenig Bürger eines Staates sein, der asylbeantragende Kurden in den Tod springen läßt, wie ich Bürger eines Staates sein möchte, der seine Bürger entmündigt und einsperrt. Leider gibt es nicht mehr Deutschlands, und ich mußte mich für eines entscheiden. Und so habe ich mich wie viele andere hier für dieses Land entschieden. Die Millionen Unentschlossenen entscheiden sich vielleicht auch für dieses Land, wenn sich die Möglichkeit für sie ergibt, es so zu verändern, wie sie es wollen. Diese Möglichkeit muß von ihnen und uns erkämpft werden, sie wird uns nicht einfach gegeben werden. Und dieser Kampf darf nicht so ausgehen wie am 17. Juni 1953.

Aber die Geschichte wiederholt sich nicht. Eine legale politische Ebene muß dem Staat abgerungen werden, auf der die Menschen sich finden können, um ihre Aktivitäten für eine Veränderung der Gesellschaft zu entfalten. Dabei ist jeder einzelne wichtig, der sich öffentlich artikuliert und dem sich andere anschließen, denn nur gemeinsam, in

Gruppen, Vereinigungen, Parteien, werden wir diesen legalen Raum des Widerstands und der Auseinandersetzung gewinnen. Nur so haben wir als Individuum und als Gesellschaft eine Chance, unsere verlorene Sprache wiederzufinden und uns aus unserem knechtischen Dasein zu befreien. Dieses Heft soll wie ein Zuruf sein: Entlaßt euch endlich selbst in die Mündigkeit. Ihr seid alt genug. Es lohnt sich nicht zu schweigen. Nichts, kein Kompromiß wegen eines Passes oder der eigenen Ruhe, wegen eines Berufes, nicht des eigenen und nicht dem des Kindes, lohnt das Schweigen, denn vom Arbeiter bis zum Arzt fühlt sich niemand in dieser Gesellschaft wohl.

*Bärbel Bohley*

# Kurze Chronik der DDR

10. 6. 45   Parteienzulassung in der Sowjetischen Besatzungszone (SBZ) durch die Sowjetische Militäradministration für Deutschland (SMAD) unter deren Kontrolle und Weisungsbefugnis; bis Mitte Juli Gründung und Zulassung von KPD, SPD, CDU und LDPD (Liberal-demokratische Partei)

15. 6. 45   Gründung des FDGB (Freier Deutscher Gewerkschaftsbund)

11. 9. 45   Abschluß der Verordnungen der Territorialverwaltungen in der SBZ zur Bodenreform

7. 3. 46   Gründung der FDJ (Freie Deutsche Jugend)

10. 4. 46   Betriebsrätegesetz des Alliierten Kontrollrates

22. 4. 46   Vereinigung von SPD und KPD in der SBZ zur Sozialistischen Einheitspartei Deutschlands (SED), in Berlin parallel dazu Weiterbestehen der SPD

20. 10. 46   Landtags- und Kreistagswahlen in der SBZ: Ergebnis: SED 47,5 % (Berlin: SED 19 %, SPD 48 %)

9. 3. 47   Gründung des DFD (Demokratischer Frauenbund Deutschlands)

14. 6. 47   Bildung der Deutschen Wirtschaftskommission für die SBZ zur Planung von Produktion und Verteilung; in der Folge schrittweise Einführung der Wirtschaftsplanung bis zur Entwicklung der Fünfjahrpläne

7. 12. 47   Bildung des Deutschen Volkskongresses, der Vorstufe der Volkskammer

29. 4. 48   Gründung von DBD (Demokratische Bauernpartei Deutschlands) und NDPD (Nationaldemokratische Partei) auf Initiative der SED, ein Großteil der Mitglieder ihrer Parteivorstände

sind bisherige SED-Mitglieder und -sympathisanten

23. 6. 48 Währungsreform in der SBZ als Reaktion auf die Währungsreform in den Westzonen, Ersatz der »Reichsmark« durch die »Deutsche Mark«

3. 7. 48 Bildung der Kasernierten Volkspolizei

26. 11. 48 Auflösung der Betriebsräte in der SBZ zugunsten der Betriebsgewerkschaftsleitung des FDGB

30. 11. 48 Spaltung der Berliner Stadtverwaltung

28. 1. 49 I. Parteikonferenz der SED sanktioniert diese als Partei neuen Typs, den Marxismus-Leninismus als ihre Ideologie und die Besonderheit eines deutschen Weges zum Sozialismus als gegenstandslos

16. 5. 49 Wahlen zum Volkskongreß in der SBZ auf Einheitslisten; Ergebnis: 66,1% für die Kandidaten

7. 10. 49 Gründung der DDR mit Volkskammer, Nationaler Front, Verfassung und Staatspräsidenten (Wilhelm Pieck)

10. 10. 49 Übergabe der Verwaltung von der Sowjetunion an die DDR-Regierung, Umwandlung der SMAD in die SKK (Sowjetische Kontrollkommission)

6. 7. 50 Unterzeichnung des Abkommens über die Oder-Neiße-Grenze zwischen DDR und Polen

24. 7. 50 III. Parteitag der SED beschließt Maßnahmen zur Orientierung von Wirtschafts-, Kulturpolitik und Ideologie an der Sowjetunion, Beibehaltung der Zielproklamation der Wiedervereinigung; in der Folge Parteisäuberungen und Verhaftungen

29. 9. 50 Aufnahme der DDR in den RGW (›Rat für gegenseitige Wirtschaftshilfe‹)

15. 10. 50 Wahlen für alle Verwaltungsebenen auf Einheitslisten der Nationalen Front; Ergebnis: 99,7% für die Kandidaten

schaft zu Landwirtschaftlichen Produktions-
genossenschaften (LPG)

17. 4. 60 Aufruf des ZK der SED zum innerdeutschen
Wettbewerb mit dem Ziel der Wiedervereinigung

12. 9. 60 Nach Wilhelm Piecks Tod Bildung des Staats-
rats unter Vorsitz von Walter Ulbricht

30. 5. 61 Kredit der Sowjetunion an die DDR über 2 Milliarden Mark

13. 8. 61 Bau der Mauer in Berlin, damit Ende der Mas-
senflucht (seit Gründung der DDR ca. 2,6 Millionen, 1961 bis 13. August ca. 160 000)

24. 1. 62 Beschluß über die Einführung der allgemeinen
Wehrpflicht

25. 3. 62 Forderung der Nationalen Front nach Konföde-
ration DDR-BRD mit dem Ziel der Wiedervereinigung nach Einführung des Sozialismus in
der BRD

21. 1. 63 VI. Parteitag der SED verabschiedet erstmalig
Programm und Statut der SED

15. 7. 63 Staatsratserlaß zur Einführung des Neuen ökonomischen Systems der Planung und Leitung
der Volkswirtschaft (NÖSPL) mit dem Ziel der
Förderung des »materiellen Anreizes« auf Kosten des dirigistischen Zentralismus

2. 1. 64 Einführung neuer Personalausweise für Bürger
der DDR

11. 1. 64 Nominierung der letzten gesamtdeutschen
Olympiamannschaft

1. 8. 64 Ersatz der »Deutschen Mark« durch die »Mark
der Deutschen Notenbank« (MDN)

25. 2. 65 Gesetz über das einheitliche sozialistische Bildungssystem

18. 12. 65 11. ZK-Tagung der SED beschließt Teilrück-
nahme der Wirtschaftsreform und kritisiert li-
berale Kulturpolitik

chung, erstmals nicht einstimmige Verabschiedung durch die Volkskammer

6. 3. 78 Gespräch Honeckers mit der evangelischen Kirche zum Verhältnis Kirche-Staat

30. 6. 78 Verurteilung Rudolf Bahros wegen seines Buchs »Die Alternative«

1. 9. 78 Einführung des Wehrkundeunterrichts in den Schulen

28. 6. 79 Strafrechtsänderungsgesetz zur Verschärfung des politischen Strafrechts

29. 9. 79 Beschluß zur Erhöhung der Mindestrenten

30. 10. 80 Einschränkung des Reiseverkehrs DDR-Polen

15. 12. 81 Ost-West-Treffen von Schriftstellern und Wissenschaftlern in Berlin zur Friedenssicherung

29. 6. 83 Westdeutscher Kredit an die DDR über 1 Milliarde DM bewilligt

27. 9. 83 Verordnung zur Familienzusammenführung

25. 10. 83 Zustimmung der DDR zur Stationierung von Mittelstreckenraketen des Warschauer Vertrages nach entsprechendem Beschluß der BRD

10. 5. 84 Boykott der Olympischen Spiele durch mehrere sozialistische Länder, darunter die DDR

18. 5. 84 Beschlüsse zu Verbesserungen für Kinderreiche
23. 5. 84 und zu Rentenerhöhungen

31. 12. 84 Bis dahin höchste Zahl jährlicher genehmigter Übersiedlungen in die BRD seit der KSZE in Helsinki (ca. 40 000)

28. 4. 86 Verordnung zu Verbesserungen für Familien mit Kindern

8. 12. 87 Unterzeichnung des Vertrages zur Abrüstung der Mittelstreckenraketen durch NATO und Warschauer Vertrag

18. 12. 87 Strafrechtsänderungsgesetz zur Abschaffung der Todesstrafe

10. 2. 88 DDR-weite und internationale Proteste gegen Verhaftungen im November 1987 und Januar 1988 haben zu Ausreisen und Ausbürgerungen,

erstmalig auch zu Freilassungen und befriste-
ten Zwangsexilierungen verhafteter Oppositioneller geführt

19. 11. 88  Verbot der sowjetischen Zeitschrift »Sputnik«

13. 12. 88  Verordnung zur Regelung von Besuchsreisen zu
Verwandten in der BRD, nachdem seit 1985 die
Anzahl genehmigter Reisen erheblich zugenom-
men hatte, und zur Behandlung von Auswande-
rungsanträgen außerhalb von Familienzusam-
menführungen

23. 12. 88  Gesetz zum Beginn der Einführung einer Ver-
waltungsgerichtsbarkeit

3.  3. 89  Einführung des Ausländerwahlrechts für Kommunalwahlen

7.  5. 89  Kommunalwahlen; erstmals weisen Opposi-
tionsgruppen Wahlfälschungen nach

10.  9. 89  Ungarn beschließt, Tausende DDR-Bürger mit
DDR-Ausweisen in den Westen ausreisen zu
lassen, nachdem seit Mai bereits Tausende die
offene Grenze nach Österreich illegal überschritten haben

7. 10. 89  40. Jahrestag der DDR-Gründung

# Die Geschichte wiederholt sich nicht ...

Bertolt Brecht: Die Lösung

Nach dem Aufstand des 17. Juni
Ließ der Sekretär des Schriftstellerverbands
In der Stalinallee Flugblätter verteilen
Auf denen zu lesen war, daß das Volk
Das Vertrauen der Regierung verscherzt habe
Und es nur durch verdoppelte Arbeit
zurückerobern könne. Wäre es da
Nicht doch einfacher, die Regierung
Löste das Volk auf und
Wählte ein anderes?

Im Juli 1952 war die wirtschaftliche Lage der DDR-Bevöl-
kerung trotz des Wiederaufbaus der zerstörten und de-
montierten Industrie noch keineswegs rosig. Der Lebensstandard war niedrig – vor allem deutlich niedriger als in
der den warmen Regen des Marshall-Plans genießenden
Bundesrepublik. Fette, Fleisch und Zucker gab es nur auf
Marken, vieles andere war Mangelware und von schlechter
Qualität. Die Preise in den HO-Läden blieben für viele
unerschwinglich.
In dieser Situation faßte die II. Parteikonferenz der SED
einen Beschluß, in dem es hieß:
»Die politischen und ökonomischen Bedingungen sowie
das Bewußtsein der Arbeiterklasse und der Mehrheit der
Werktätigen sind so weit entwickelt, daß der Aufbau des
Sozialismus zur grundlegenden Aufgabe in der Deutschen
Demokratischen Republik geworden ist. Das deutsche Volk,
aus dem die bedeutendsten deutschen Wissenschaftler
Karl Marx und Friedrich Engels, die Begründer des wissenschaftlichen Sozialismus, hervorgegangen sind, wird unter
der Führung der Arbeiterklasse die großen Ideen des Sozialismus verwirklichen.

Das Hauptinstrument bei der Schaffung der Grundlagen des Sozialismus ist die Staatsmacht. Deshalb gilt es, die volksdemokratischen Grundlagen der Staatsmacht ständig zu festigen. Die führende Rolle hat die Arbeiterklasse, die das Bündnis mit den werktätigen Bauern, der Intelligenz und anderen Schichten der Werktätigen geschlossen hat. Es ist zu beachten, daß die Verschärfung des Klassenkampfes unvermeidlich ist und die Werktätigen den Widerstand der feindlichen Kräfte brechen müssen.

Die Sicherung des Friedens, des demokratischen Fortschritts und des sozialistischen Aufbaus in der Deutschen Demokratischen Republik und in Berlin gegenüber Aggressionsakten vom Westen erfordert die Festigung und Verteidigung der Grenzen der Deutschen Demokratischen Republik, die Stärkung der demokratischen Volksmacht, der demokratischen Ordnung und Gesetzlichkeit und die Organisierung bewaffneter Streitkräfte, die mit der neuesten Technik ausgerüstet und imstande sind, die Errungenschaften der Werktätigen vor einem imperialistischen Angriff zu schützen.«

Diese Politik wurde nach dem gleichen typisch stalinistischen Muster durchgesetzt, das schon dem Beschluß zugrundelag: Der weiter forcierte Ausbau der Grundstoff- und Schwerindustrie ging zu Lasten der Konsumgüterproduktion. Die Arbeitsproduktivität stieg vorrangig durch Normerhöhungen, was zwangsläufig zu Lohneinbußen der Arbeiter führen mußte. Der Aufbau einer Armee – zunächst als »Kasernierte Volkspolizei« – beanspruchte zusätzlich volkswirtschaftliche Mittel. Auf dem Land wurde mit der Kollektivierung begonnen. Infolge des freiwilligen Zwangs, der Genossenschaft beizutreten, sank die landwirtschaftliche Produktion mit dem Ergebnis einer bemerkenswerten Verschlechterung der Versorgungslage. Diese Maßnahmen der »Verschärfung des Klassenkampfes« wurden begleitet durch eine entsprechende Verschärfung der politischen Justiz. Es wimmelte von »Saboteuren« und »Agenten«, die wegen Nichterfüllung der Arbeitsnorm oder Ablieferungspflicht, wegen des Verschuldens von Havarien oder auch nur aufgrund verbaler Kritik zu drakonischen Freiheitsstrafen verurteilt wurden. Ein Beispiel »offener Provokation gegen die Partei« soll stellvertretend für die Massenstimmung stehen: »Kollegen, was sich jetzt bei uns tut, ist für uns Arbeiter beschämend. Siebzig Jahre nach dem Tode von Karl Marx müssen wir noch über die elementarsten Lebensbedingungen debattieren. Wenn Karl Marx dieses ahnte, würde er sich im Grabe umdrehen.«

Angesichts dieser Entwicklung begann sich auch in der Führung der SED eine Opposition zu formieren, die eine grundsätzliche Revision der gegenwärtigen Wirtschafts-, Sozial- und Deutschlandpolitik anstrebte und zu diesem Zweck eine »Erneuerung der Partei« forderte. Geführt wurde diese Gruppe von den Politbüromitgliedern Wilhelm Zaisser – dem Minister für Staatssicherheit – und Rudolf Herrnstadt – dem Chefredakteur des »Neuen Deutschland«. Sie arbeiteten auf die Absetzung Walter Ulbrichts und seiner Gefolgsleute hin, unter diesen der Vorsitzende der FDJ, Erich Honecker. Unterstützt wurden die Erneuerer von den Nachfolgern Stalins, der im März 1953 gestorben war. Das Politbüro der KPdSU unter Führung von Stalins langjährigem Innenminister Berija und Ministerpräsident Malenkow kannte die wachsenden Spannungen in der DDR aus Hilfeersuchen Ulbrichts wie auch aus Recherchen der sowjetischen Kontrollkommission in Deutschland.

Zur Verbesserung der innen- und außenpolitischen Lage beschloß das sowjetische Politbüro einen neuen Kurs, zu dessen Bestandteilen eine Erhöhung des Lebensstandards und eine kompromißbereitere Deutschlandpolitik gehörten. Diese Entschärfung des Klassenkampfes verordnete es auch der DDR. Der Repräsentant der harten Linie, Walter Ulbricht, war damit empfindlich geschwächt. Das

Politbüro der SED beschloß weisungsgemäß den von Rudolf Herrnstadt mitformulierten »Neuen Kurs«. Darin wurde gesagt:

»Das Politbüro des Zentralkomitees der SED hat in seiner Sitzung vom 9. Juni 1953 beschlossen, der Regierung der Deutschen Demokratischen Republik die Durchführung einer Reihe von Maßnahmen zu empfehlen, die der entschiedenen Verbesserung der Lebenshaltung aller Teile der Bevölkerung und der Stärkung der Rechtssicherheit in der Deutschen Demokratischen Republik dienen. Das Politbüro des ZK der SED ging davon aus, daß seitens der SED und der Regierung der Deutschen Demokratischen Republik in der Vergangenheit eine Reihe von Fehlern begangen wurden, die ihren Ausdruck in Verordnungen und Anordnungen gefunden haben (. . .) Die Interessen solcher Bevölkerungsteile wie der Einzelbauern, der Einzelhändler, der Handwerker, der Intelligenz wurden vernachlässigt. Bei der Durchführung der erwähnten Verordnungen und Anordnungen sind außerdem ernste Fehler in den Bezirken, Kreisen und Orten begangen worden. Eine Folge davon war, daß zahlreiche Personen die Republik verlassen haben.

Das Politbüro hat bei seinen Beschlüssen das große Ziel der Herstellung der Einheit Deutschlands im Auge, welches von beiden Seiten Maßnahmen erfordert, die die Annäherung der beiden Teile Deutschlands konkret erleichtern.«

In der Tat waren seit dem begonnenen »Aufbau des Sozialismus« von Monat zu Monat etwa 20 000 Menschen in den Westen geflüchtet, also innerhalb eines Jahres fast eine Viertelmillion. Nun wurde die Notbremse gezogen: Der Reiseverkehr zwischen der DDR und der BRD wurde erleichtert; Privatbetriebe bekamen Kredite angeboten; die Erteilung von Gewerbegenehmigungen wurde offeriert; rückkehrwilligen Flüchtlingen stellte man die Rückgabe ihres beschlagnahmten Eigentums in Aussicht; enteignete

Landwirtschaftsbetriebe sollten zurückgegeben werden, auch an rückkehrwillige Bauern; Schulverweise und Exmatrikulationen für Mitglieder der Jungen Gemeinde wurden zurückgenommen, Strafversetzungen rückgängig gemacht; für Wirtschaftsdelikte wurden Strafminderungen bzw. Amnestie angeordnet; Selbständige bekamen wieder Lebensmittelkarten; Preiserhöhungen für Verkehrsmittel, Süß- und Backwaren wurden zurückgenommen.

Aber behandelt wurde nur das halbe Problem. Durch pragmatisches Zurücknehmen der destruktivsten Maßnahmen gegen Bauern, Gewerbetreibende und engagierte Christen wurde deren Lage erleichtert, der begonnene Prozeß verlangsamt, um ihn erträglich zu machen. Abgesehen von der Rücknahme der unhaltbaren Preiserhöhungen aber bekam eine soziale Gruppe nichts: die »führende« Arbeiterklasse. Die Normerhöhungen – und damit Lohnsenkungen – blieben und wurden am 16. Juni sogar ausdrücklich bestätigt. Und es gab keine Möglichkeit zu organisierter Artikulation und Widerstand dagegen – die Bestätigung stand in der Gewerkschaftszeitung »Tribüne«. Die unfehlbare Partei gestand Fehler zu, aber nicht den Arbeitern gegenüber, und sie entschied und setzte durch, was sie für richtig hielt, ohne die Arbeiter zu fragen oder auch nur zu hören. Damit waren die folgenden Ereignisse vorprogrammiert.

Die letzte Ankündigung einer Normerhöhung lag erst zwei Wochen zurück. Schon daraufhin war es an verschiedenen Orten zu Arbeitsniederlegungen gekommen. Am 15. Juni begann der Streik auf der Baustelle der Stalinallee in Berlin. Als der »Tribüne«-Artikel am 16. Juni bekannt wurde, formierte sich ein Demonstrationszug von der Stalinallee zur Zentrale der Gewerkschaft. »Wir fordern Herabsetzung der Normen!« lautete die Losung. Das Gewerkschaftshaus war verschlossen. Nun ging es – inzwischen waren es Tausende Demonstranten – zum Haus der Ministerien. Jetzt lauteten die Forderungen schon: »Rücktritt der Regierung!«, »Freie Wahlen!« und »Der Spitzbart muß weg!« Es wurde nach Ulbricht und Grotewohl verlangt, die sich nicht blicken ließen. Den inzwischen auf Antrag von Herrnstadt und Jendretzky erfolgten halbherzigen Rücknahmebeschluß des Politbüros zur Normerhöhung teilte den mittlerweile Zehntausenden der damalige Agitationssekretär der Berliner Bezirksleitung der SED, Heinz Brandt, mit. Er, der Minister Fritz Selbmann und der Volkskammerabgeordnete Robert Havemann waren offenbar die einzigen, die sich trauten, als Vertreter der SED aufzutreten. Aber es war zu spät. Die Forderungen waren längst weit über die Frage der Normerhöhung hinausgegangen, und der jahrelang aufgestaute Zorn über die autoritäre und repressive Herrschaft der Ulbricht-Partei machte sich Luft. Für den nächsten Tag forderten die Demonstranten zum Generalstreik auf. Am 17. Juni wurden fast alle Betriebe in Berlin bestreikt. Neben den Forderungen vom Vortag lautete der politische Kern dessen, was die Streikenden verlangten: freie, geheime Wahlen und Wiedervereinigung. Von den Betriebsversammlungen zogen die Menschen ins Stadtzentrum, auch aus den Außenbezirken und Vororten. Fast gleichzeitig mit ihnen trafen sowjetische Panzertruppen dort ein. Noch am Vormittag begannen die Soldaten zu schießen, am Mittag verhängte der sowjetische Stadtkommandant den Ausnahmezustand. Was sich zu dieser Zeit abspielte, kann nur bruchstückhaft geschildert werden. Heinz Brandt beschreibt seine Beobachtungen so: »Es war wie zu Beginn eines Bürgerkrieges. Unter die streikenden Demonstranten hatten sich inzwischen auch zahlreiche Westberliner, zumeist Jugendliche, gemischt. Funktionärsautos wurden angehalten und umgekippt, Transparente und DDR-Embleme abgerissen und in Brand gesteckt. Spontane Demonstrationszüge und organisierte Sprechchöre, Kuriere auf Fahrrädern, meist Westberliner Herkunft, Ansprachen von Autos und improvisierten Podesten ... SED-Mitgliedern wurden die Parteiabzeichen abgerissen ... Der Erhebung fehlte das Selbstverständnis, also fehlten ihr auch die Lieder. Sie vermochte noch nicht, sich zu artikulieren. So sang man ›Brüder, zur Sonne, zur Freiheit!‹, aber ebenso auch das ›Deutschlandlied‹ – und doch drückte beides nicht das aus, was die Menschen wollten und dumpf empfanden ... Gewiß waren es nicht nur Arbeiter, die aus Westberlin hinzugeströmt waren. Gewiß traten auch Rowdys und politische Abenteurer mit dunklen Zielen und dunklen Auftraggebern in Aktion. Sie fanden hier ein günstiges Betätigungsfeld. Aber sie fanden es auf der Grundlage einer elementaren Massenbewegung. Alles, was ich in diesen Stunden, in diesen Straßen sah, waren immer wieder Arbeiter und Arbeiterinnen, die ihre ›volkseigenen‹ Betriebe verlassen hatten, weil sie die Stunde für gekommen hielten, eine Ordnung zu ändern, die ihnen unerträglich geworden war, sich einer Obrigkeit zu entledigen, die sie nicht mehr dulden wollten. Wie unscharf und nebulös auch ihre Ziele waren, so wollten sie doch eines gewiß nicht: eine Reise zurück in die Vergangenheit, eine Wiederherstellung der alten Besitzverhältnisse des ostelbischen Großgrundbesitzes und des Konzerneigentums der Wehrwirtschaftsführer und Rüstungsindustriellen.« Bis zum Abend war durch das Eingreifen der Truppen der Aufstand zusammengebrochen. Es hatte Tote und Verletzte gegeben, in welchem Ausmaß, bleibt ungeklärt.

Aber nicht nur in Berlin war gestreikt worden. Nach offiziellen Angaben gab es Streiks und Demonstrationen in 272 Städten und Gemeinden der DDR. Über fast 80 Prozent des DDR-Territoriums war der Ausnahmezustand verhängt worden. Zentren der Streiks waren Bitterfeld, Halle, Leipzig, Dresden, Cottbus, Jena und Magdeburg. Noch tagelang gab es betriebliche Streiks. Wie nun verhielt sich die Parteispitze angesichts des Aufstands der führenden Klasse gegen ihre Avantgarde? – Ein Beispiel ist belegt: das des

Vorsitzenden der FDJ, Erich Honecker. Er gehörte, wie schon erwähnt, zur Ulbricht-Gruppe im Politbüro, dessen Kandidat er war.

Am 16. Juni, als die Demonstranten sich vor dem Haus der Ministerien versammelten, wurde das gerade tagende Politbüro von dieser Nachricht aufgeschreckt. Erich Honekker erschien kurz im Sekretariat des Zentralrats der FDJ, das ebenfalls ununterbrochen tagte und den RIAS eingeschaltet hatte, weil nur über ihn Informationen zu erhalten waren. Honecker gab Anweisungen, das Gebäude zu sichern und alle verfügbaren Funktionäre in Agitationsgruppen unter den Demonstranten einzusetzen. Eine Information der FDJ-Bezirksleitungen lehnte er ab. Er meinte in Übereinstimmung mit dem Politbüro, man wolle diese Angelegenheit auf Berlin begrenzen und in der DDR »die Pferde nicht scheu machen«. Dann kehrte er in die Politbürositzung zurück. Dort wurde er Zeuge des offen ausbrechenden Konflikts zwischen Ulbricht einerseits und Zaisser und Herrnstadt andererseits. Offenbar herrschte im Politbüro nicht nur Uneinigkeit, sondern auch eine gewisse Unruhe, denn man verhandelte in der Nacht bereits mit sowjetischen Vertretern über die Evakuierung der Familienangehörigen in die Sowjetunion. Am nächsten Tag wurden die Berliner FDJ-Funktionäre in das Gebäude des Zentralrats zu dessen »Schutz gegen Überfälle von Konterrevolutionären« gerufen. Erich Honecker erklärte den Versammelten: »Es wird ernst! Wir werden das Haus verteidigen, Waffen liegen bereit! Das Wichtigste ist, daß wir als Kaderreserve der Partei einig und fest um Genossen Ulbricht zusammenstehen, auf den der Klassengegner das Feuer richtet. Es gibt leider auch Genossen, die feige abwarten wollen, man hört sogar, daß eine neue Parteiführung gebildet werden soll . . .« Aus dem Zentralkomitee rief das Büro Ulbricht an und forderte die FDJ-Führung auf, die Familien der leitenden Genossen für eine Evakuierung in

die Sowjetunion bereitzumachen. Nicht alle waren damit einverstanden. Erich Honecker belehrte sie unter Hinweis auf die Parteidisziplin: »Der angebotene Schutz durch die sowjetischen Genossen entspricht der besseren Erfahrung. Wer soll denn später den Kommunismus aufbauen, wenn wir der Konterrevolution zum Opfer fallen?« Das Politbüro tagte noch immer im ZK-Gebäude, und Honecker eilte dorthin zurück. Die Krise hatte ihren Höhepunkt erreicht. Erich Honecker war ratlos: »Alle fallen über Walter Ulbricht her. Er wird wohl unterliegen. Aber das Schlimmste ist, ich weiß nicht, wie ich mich verhalten soll ...« Das Eingreifen der sowjetischen Truppen stellte schnell wieder Ruhe und Ordnung her. Die führenden Genssen bekamen wieder Oberwasser. Am 19. Juni stand in der »Jungen Welt« ein Aufruf des Zentralrats der FDJ, in dem es hieß: »Die von langer Hand vorbereiteten und von westlichen Agenturen dirigierten faschistischen Kriegsprovokationen gegen den Demokratischen Sektor von Berlin und die Deutsche Demokratische Republik sind zusammengebrochen.« Der Aufstand vom 17. Juni rettete Walter Ulbricht. Seine Absetzung, von den Streikenden gefordert, hätte wie ein Zugeständnis an diese ausgesehen. Stattdessen fand eine umfangreiche Säuberung in der Partei statt. Dieser fielen auch die Opponenten Ulbrichts im Politbüro, Zaisser und Herrnstadt, zum Opfer. Die sowjetische Parteiführung stützte sie nicht mehr, umso weniger, als ihr Gönner Berija im Juli 1953 selbst verhaftet und hingerichtet wurde.
Auf das spontane, in atemberaubender Geschwindigkeit abgelaufene Hinüberwachsen ökonomischer Forderungen des Aufstands in politische reagierte die Parteiführung mit einer klassischen Doppelstrategie: Einerseits wurden die Normerhöhungen zurückgenommen, die Mindestrenten und Niedriglohngruppen angehoben und die Nahrungs- und Genußmittelproduktion erhöht. Andererseits blieb die Linie der II. Parteikonferenz bestehen, ergänzt durch die im

Neuen Kurs angewiesene Entschärfung. Tausende wurden verurteilt und eingesperrt, auch Todesurteile gab es. Die Fluchtwelle ebbte nicht ab: im Jahre 1953 verließen mindestens 330 000 Menschen die DDR.

Welchen Grad an Problembewußtsein manche Funktionäre trotz der durch sie verschuldeten Krise aufbrachten, und wie vergleichsweise wenig erstarrt die politische Öffentlichkeit damals noch war, zeigt die – immerhin veröffentlichte – Rede des Ministerpräsidenten Otto Grotewohl vom Abend des 16. Juni vor dem Berliner Parteiaktiv. Obwohl er nicht zu den Erneuerern gehörte, waren darin bemerkenswerte Feststellungen enthalten:

»Unsere sichere Erwartung ging davon aus, daß die forcierte Entwicklung der Schwerindustrie zum beschleunigten Aufbau unserer Waren- und Verbrauchsgüterindustrie führte und wir gleichzeitig auf diesem Wege eine erhebliche Verbesserung unseres Außenhandels hätten herbeiführen können. Diese Absicht hat sich als falsch erwiesen, und es ist uns heute völlig klar, daß nicht eine einzige Stufe im Prozeß der Höherentwicklung der Ökonomie übersprungen werden kann. Ein allgemeines Gesetz der Politischen Ökonomie kann durch Beschlüsse nicht ersetzt oder aufgehoben werden. Das alles ist heute nach dem Ablauf der Ereignisse völlig klar. Daraus gilt es die entscheidenden Schlußfolgerungen zu ziehen.

Aber ökonomische Ereignisse stehen nicht losgelöst im Leben, sondern sie sind immer mit tiefen und großen gesellschaftlichen Einwirkungen verbunden. (...) Wir versuchten die Beseitigung dieser Mängel mit fast ausschließlich administrativen und polizeilichen Mitteln. Das war im Rahmen der gesamtdeutschen Politik falsch. Die Methode des Administrierens, der polizeilichen Eingriffe und der Schärfe der Justiz ist falsch und erstickt die schöpferischen Kräfte des Volkes. Das zeigte uns die darauf einsetzende Wirkung: die Einschränkung der allgemeinen Versorgung,

die einengende und zerstörende Wirkung auf Einzelhändler und Mittelstand, die Flucht der Bauern aus den Dörfern nach dem Westen Deutschlands und das berechtigte Anwachsen der Unzufriedenheit in der Arbeiterschaft (...)
Die Flucht nach dem Westen bedeutete die Schaffung einer großen Propagandaarmee im Westen, die sich gegen den Osten und gegen die Deutsche Demokratische Republik wendete. Darüber hinaus aber mußten die Auswirkungen dieser Politik zur Verbreiterung der Kluft zwischen den Menschen im Westen und im Osten Deutschlands führen. Das ist natürlich letzten Endes ein unerträglicher Fehler und Zustand, denn er berührt gleichzeitig das zentralste und entscheidendste Problem der ganzen deutschen Nation. Die Einheit Deutschlands ist das feste Fundament für eine bessere Zukunft und für einen Zustand des Friedens in Deutschland und Europa.
Wenn sich Menschen von uns abwenden, wenn neben der staatlichen und der wirtschaftlichen Spaltung noch die menschlichen Beziehungen zwischen den Deutschen zerrissen werden, dann ist diese Politik falsch. Daraus muß man unerschrocken und entschieden alle Schlußfolgerungen ziehen.«

*Reinhard Weißhuhn*

# Lisbeth, 65 Jahre, Fürstenwalde

*L. ist Jahrgang 1924. Sie ist in Berlin geboren als Tochter eines Juristen. Ihre Kindheit verbrachte sie wohlbehütet und unbelastet von finanziellen Sorgen. Indem sie zum Militärdienst verpflichtet wurde, holte die Wirklichkeit sie ein. Als Flakhelferin nahm sie an den Endkämpfen in Halbe teil, geriet kurze Zeit in Kriegsgefangenschaft und kam im Herbst 1945 nach Berlin zurück. 1946 starb L.s Mutter an Typhus. Gemeinsam mit ihrem Vater war sie zum städtischen Aufbau verpflichtet. Kurze Zeit arbeitete sie als Neulehrerin, dann als Traktoristin auf einer MTS (Maschinen-Traktoren-Station). Als ihre Tochter geboren wurde, kehrte sie nach Berlin zurück, denn der Vater war inzwischen pflegebedürftig. Mehrere Jahre ernährte sie sich und ihre Familie, sie hatte inzwischen drei Kinder, als Kabellegerin.*

Während meiner Lehrgänge trat ich der FDJ bei. Ich dachte, das wäre der neue Weg, der uns aus den jetzigen Zuständen herausführen würde.

Zur Gründung der DDR haben wir eine große Feier gemacht, es gab einen Bohneneintopf, werde ich nie vergessen, grüne Bohnen mit Sago gab's, das war ein tolles Essen. Wir hatten immer zu wenig zu essen, hatten immer Hunger. Vorher gab es eine schöne Versammlung, da wurde uns klar gemacht, jetzt gibt es eine Deutsche Demokratische Republik, das wurde ausgemalt mit Liedern und Rezitationen. »Nie wieder Krieg«, da haben wir eine Weile dran geglaubt, aber bei mir hat der Existenzkampf das dann alles überdeckt. Einschneidend war auch die Währungsreform, da durfte eine bestimmte Summe umgetauscht werden. Da gab es dann schon wieder die Leute, die sagten, du hast nicht so viel, nun tausch doch etwas für mich um. Ja, die gab es schon lange wieder, die Schieber, den schwarzen Markt.

Aber zu großartigen politischen Überlegungen hatte ich keine Zeit, denn ich mußte meine drei Kinder erziehen, und trotz aller neuen Erkenntnisse war der alte Zopf da, und eine alleinstehende Mutter mußte sich stets aufs neue beweisen.

Wenn ich zurückdenke, dann sehe ich eine lange Zeit, in der ich nur mit dem Überleben meiner Familie zu tun hatte. Das ist vielleicht ein bißchen primitiv, aber ich konnte nicht anders. Die Kinder hatten in der Schule auch Schwierigkeiten. Im Hort meiner Tochter hat man mal gesagt, daß im Westen alles Verbrecher lebten. Sie kam heulend nach Hause und fragte mich, sag mal, ist denn unsere Oma ein Verbrecher? Ich habe das aber auf die Blödheit der Erzieher geschoben, denn Verbrecher findet man ja überall. Immer wieder deshalb Schwierigkeiten in der Schule. Ich war froh, daß die ein neues Hemd hatten, so sah das bei uns zu Hause aus. All das hat mich nicht animiert, etwas für den Staat zu tun. Also ich fand das auch unwürdig, und auch heute noch möchte ich sagen, daß unser Staat viele Dinge tut, die er gar nicht nötig hat. Wir sind doch wer und könnten eigentlich auf das, was wir erreicht haben, stolz sein, wenn man bedenkt, daß wir eigentlich bei Null angefangen haben. Wir sollten auch aufhören so zu tun, als wenn wir der Größte wären. Wir sind wer und das ist doch genug.

*Kannst du noch etwas zur Frauenpolitik sagen?*

Ja, mit der Gleichberechtigung, das ist so eine Sache. Sie steht einmal auf dem Papier, und dann soll sie in die Wirklichkeit umgesetzt werden. Na, auf dem Papier steht sie auf jeden Fall. Als meine Tochter geboren wurde, bekam ich 50 Mark für das Kind. Aus. Das steigerte sich bis zu dem, was man heute erhält, das ist schon eine Entwicklung. Für mich war ganz wichtig, daß die alleinstehende Mutter für fähig gehalten wurde, ihre Kinder ohne Vormundschaft des Staates oder eines anderen Menschen zu erziehen. Das war im Westen nicht so und ist der Punkt, weshalb ich hier geblieben bin. Heute ist es alltäglich, daß eine Frau allein Kinder hat, damals war man diskriminiert. Im Rückblick würde ich heute unter den damaligen Bedingungen kein Kind mehr bekommen. Es war verantwortungslos. Es ist meinen Kindern schon angelastet worden, daß sie keinen Vater hatten. Und was die Gleichberechtigung betrifft, kann ich wenig dazu sagen. Ich bin ja immer allein gewesen, ich war immer gleichberechtigt. Auf meiner Arbeit habe ich nie etwas von Diskriminierung gespürt. Gleichberechtigung ist für mich eigentlich etwas Selbstverständliches. Was man unter Emanze versteht, interessiert mich eigentlich wenig. Vielleicht haben die Leute zu wenig Zeit, sie müssen Geld verdienen, um so leben zu können, wie sie es wollen, oder sie haben zu wenig Langeweile. Aber viele junge Männer sind nicht für die Gleichberechtigung. Ich vermute, es liegt an der Erziehung im Elternhaus. Die Frauen aber sind nach meiner Beobachtung absolut dafür, gleichberechtigt zu sein. Es ist gut, daß keine Frau mehr verheiratet sein muß, um versorgt zu sein. Denn abhängig zu sein von einem Menschen, das finde ich das Schlimmste. Das finde ich überhaupt positiv in der DDR, daß jeder Mensch die Möglichkeit hat, einen Beruf zu erlernen, ob das nun immer der gewünschte ist, ist eine andere Sache. Negativ finde ich die ganze Gängelei, die schon bei der Geburt einsetzt und mit dem Tod aufhört. Gut an der DDR ist das soziale Netz. Schlecht am sozialen Netz ist, daß die Leute gar nicht mehr nachdenken wollen und müssen.

Ganz schlimm ist das Bevormunden, die sogenannten mündigen Bürger, die gar keine mündigen sind. Ich kann mir vorstellen, daß eine Staatsform, die von jedem der beiden deutschen Staaten das Gute übernimmt, die Chance hat zu überleben. Es ist auch drüben nicht alles glänzend, und auch die Freiheit kann man übertreiben. Etwas weniger Freiheit für die drüben und mehr Freiheit für uns, das wäre positiv. Das wäre schön, aber ich denke, das ist eine Utopie. Ich erlebe das nicht mehr und auch meine Kinder nicht.

*Da hast du wohl wenig Hoffnung auf Veränderung für die Zukunft?*

Ich gebe prinzipiell die Hoffnung nicht auf und laß mich nicht unterkriegen, sonst säße ich schon nicht mehr hier. Nein, ich bin so töricht, doch zu hoffen, aber ich habe keine Vorstellung, wie es werden sollte. Wenn sich hier etwas verändern sollte, wäre es unsere Sache, etwas daraus zu machen. Aber wie ich die Bürger kenne, wenn die ihr Auskommen haben, ihr Heim, ein Auto, eine Reise, die denken gar nicht darüber nach. Das ist drüben so wie hier. Das Wohlstandsdenken hat ja auch bei uns schon kräftige Formen angenommen. Ich denke, daß die meisten Bürger zufrieden sind mit ihrer Situation oder sie zumindest hingenommen haben und das Beste daraus machen. Die kleine Opposition ist zu weit verteilt und nicht einig genug. Und ich denke, von hundert sind mindestens achtzig nicht genug einsatzfreudig. Die zwanzig, die da übrig bleiben, das sind die, auf die man bauen könnte. Das sind einfach zu wenige, die sich voll einsetzen, und wenn man es bedenkt, warum sollten sie sich auch voll einsetzen – mit einer Aussicht, die gering ist und der täglichen gefährlichen Aufgabe, also da muß man schon überzeugt sein, das Richtige zu tun. Wer ist das schon? Das sind vielleicht noch nicht einmal die zwanzig, die dann noch bereit sind, die Konsequenzen zu tragen. Das sind die reinen Toren, die schon immer durch die Welt gerannt sind und meist gescheitert. Keine schöne Perspektive, das kann man noch nicht mal den Leuten sagen, aber es ist so. Selbst wenn sie etwas erreichen, werden sie danach überschwemmt und verdrängt von den anderen. Die kommen dann hoch und sind schon immer dabeigewesen. Denk nur an Hitler. Wir hatten keine Nazis mehr. Die waren alle dagegen. Immer. Noch nie dafür gewesen. Die Kommunisten, die überlebt haben, die damals angefangen haben, reinen Herzens das Gute aufzubauen, wo sind sie geblieben? Wer spricht noch von ihnen? Resigniert haben sie und sich gesagt, ja, so haben wir uns das nicht vorgestellt. Aber man darf die Hoffnung nie aufgeben, ohne Hoffnung ist das Leben gar nicht zu ertragen, und man ist glattweg verloren, wenn man nicht mehr an das glaubt, was man sich zum Ziel gesetzt hat.

Wir Frauen werden mit aller Entschiedenheit das Programm der Friedensregierung unterstützen!
Nur dem Frieden darf die Politik dieses neuen Staates dienen. Frieden in den eigenen Reihen. Frieden zwischen allen deutschen Menschen in Ost und West, in Nord und Süd, Frieden mit allen Völkern. Unser Ziel muß sein, die freundschaftlichen Beziehungen und Verbindungen mit der weltumspannenden Friedensfront, an deren Spitze die den Weltfrieden erstrebende und schaffende Sowjetunion steht, noch viel enger zu gestalten. Wir Frauen werden weiterhin an uns arbeiten, um alle unsere staatsbürgerlichen Pflichten zu erfüllen. Wir werden auf allen Gebieten die uns erstmalig in unserer Verfassung gewährleisteten großen Rechte voll und ganz in Anspruch nehmen und vertreten. Wir sind überzeugt, daß die neue Regierung diesem Anspruch auf Gleichberechtigung der Frau bereitwillig nachkommen wird, da sich die deutsche Frau in den letzten vier Jahren durch ihre Leistungen im wirtschaftlichen und gesellschaftlichen Leben bewährt hat.

Aus der Stellungnahme des DFD zur Regierungserklärung anläßlich der Gründung der DDR, Dezember 1949

## Dora, 65 Jahre, Neubarnim

*D. ist 1924 in Berlin geboren, zog nach dem Krieg ins Oder-bruch und heiratete in eine Bauernwirtschaft. Sie hatte drei Kinder und arbeitete viele Jahre im Kälberstall der LPG. Obwohl sie seit 40 Jahren auf dem Land lebt und arbeitet, fühlt sie sich als »nachgemachte Bauersfrau«.*

*Mich interessiert die Zeit, in der ihr in die LPG eingetreten seid. Kannst du mir etwas darüber erzählen?*
Ja, wann war das denn eigentlich? Ich komm da auch durcheinander. Wann war das denn, als sie anfingen, die größeren Bauern alle rauszuekeln? Die mußten unwahrscheinlich hohes Soll bringen, und von den Preisen konnte ja niemand existieren. Du mußtest die sogenannten freien Spitzen liefern, für die höhere Preise gezahlt wurden, sonst konntest du nicht existieren und nichts investieren.
*Gab es denn bei euch reiche Bauern?*
Ja, wer im Bruch 150 Morgen Land hatte, das war ein reicher Bauer. Manchmal sieht man noch außerhalb der Dörfer die einzelnen Gehöfte. Die meisten sind ja verfallen. Die ganzen Mastgänse für Berlin sind doch aus dem Oder-bruch gekommen. Die zwei größten Bauern hat man bei uns rausgeekelt. Da gabs auch Drohungen. Wenn ihr im Frühjahr die Saatkartoffeln nicht liefern könnt, dann ... Na, sie hatten sie nicht mehr. Sie haben ihre Höfe verlas-sen. Da waren sofort die alten Parteigenossen drauf gewe-sen. Die sind eingesetzt worden – ob sie von der Bauern-wirtschaft Ahnung hatten oder nicht. Die haben dann zu viert die LPG gegründet. Da war das Land, das herrenlos geworden war, da waren Gebäude, Geräte, so fing das an. Dann haben sie die anderen geworben, da kam die FDJ aufs Land und hat gesungen. Aber wir haben uns alle geweigert. Freiwillig ist da keiner reingegangen. Wir wußten ja nicht, wie das werden würde. Ein paar Bauern sind dann noch

abgehauen. Einmal haben sie auch einen unter einem Vorwand mitgenommen, das hat dann Angst gemacht. Aber
das haben sie nicht geschafft, daß alle mit Vieh und Land
in die LPG gegangen sind.
*Da gab es doch die verschiedenen LPG-Typen?*
Ja, da gab es Typ I und Typ III. Also bei Typ III war alles
weg, das Land und das Vieh. Die gezögert haben, bildeten
LPG Typ I. Also, da haben wir gezögert und noch zehn
andere.
*Wieviel Wirtschaften gab es denn bei euch?*
Na, etwa so dreißig. Aber damals wußte man eigentlich
schon, daß das ein totgeborenes Kind war. Man kannte ja
auch die Bauern, ihren gegenseitigen Neid und daß jeder
nur in seinen Topp wirtschaften wollte, also, das konnte ja
gar nicht gehen. Also für mich war das ja eine schlimme
Zeit. Die Kinder gingen ja noch zur Schule, und F. wurde
krank. Dem ist das alles auf den Magen geschlagen, und ich
konnte das arbeitsmäßig nicht schaffen.
*Du hast dann den Hof mit dem Vieh gehabt, und wer hat auf
dem Feld gearbeitet?*
Ich. Ich, und die Mädels haben noch geholfen. Wer Vieh
hatte, mußte seine Produkte abliefern, und die Einnahmen
konntest du kassieren, aber das Futter für dieses Vieh, das
mußte gemeinsam auf dem Feld erarbeitet werden, und
dazu kam das gemeinsame Soll. Soviel du an Arbeitsstun-
den geleistet hast, soviel Futter bekamst du für dein Vieh –
konntest du sie nicht leisten, mußtest du das Futter kaufen, und wenn keins da war, bekamst du eben keins. Man
war total abhängig. Das hat dazu geführt, daß alles, was
noch krauchen konnte, aufs Feld mußte, um Arbeitsstun-
den angeschrieben zu bekommen. Dabei waren natürlich
ne ganze Menge, die keine Leistung mehr bringen konnten.
Ich hab mich immer genötigt gesehen, die doppelte Leistung zu bringen, weil doch der F. so krank war. Dann kam
die Zeit, wo es wirklich nicht mehr ging. Da haben wir einen
Antrag gestellt auf Typ III.

*Wieviel Tiere hattet ihr denn eigentlich?*
Kühe hatten wir immer so sieben, acht Tiere. Schweine immer nur so viel, wie wir haben mußten. Da mußten wir dann noch ganz schön berappen, daß wir in Typ III konnten.

*Wie, da mußtet ihr noch was bezahlen?*
Ja, das war ja von Anfang an so. Für einen Hektar mußtest du 500 Mark Inventarbeitrag bringen in Sachwerten oder in Geld. Du bist ja so was ähnliches wie ein Aktionär. Deine Aktie ist eben zum Beispiel dein Land, das du mit reingebracht hast. In der Zeit, in der wir Typ I gemacht haben, hat ja die LPG Typ III viele Stallbauten errichtet; und die waren ja ganz gerissen, wir mußten, um in diese LPG einzutreten, einen ganz hohen Anteil zahlen. Der F. mußte zwanzigtausend Mark Eintrittsgeld zahlen. Wir haben das ganze Vieh hingegeben, alles, was wir hatten. Die Ackergeräte haben sie nicht genommen, hatten ja die großen Maschinen. Die Pferde haben sie nicht genommen. Werde nie den Tag vergessen, an dem der F. seinen Pferden die Eisen runtergerissen hat. Das waren alles Tiere, die er selber gezogen hat. Er hing sehr an den Tieren. Aber Pferde haben sie nicht gebraucht, die sind dann nach Holland für irgendwelche Versuche verladen worden. Es war ja unmöglich, sie zu behalten. Wir hatten ja kein Futter mehr. Unsere schönen Kühe, die so gut gefüttert wurden, so sachgemäß gehalten wurden, kamen in die LPG-Ställe. Da sind die Tiere ganz anders gehalten worden. Von klein auf sind die das Darben gewöhnt, die sind ganz anders angelegt. Die ersten Kühe, die da nach kurzer Zeit tot waren, das waren unsere Kühe. Das haben die nicht ausgehalten, das Futter da, das ihnen mit Dreck und Speck vorgeschmissen wurde. Wir haben das Futter ganz eigen behandelt, die Rüben abgewaschen, da kam kein Sand mit rein, und wenn ein Tier ein paar Jahre so behandelt wurde, dann hält es die Umstellung nicht aus. Das ist so, als wenn ein Mensch ins KZ

kommt, das halten die wenigsten aus. Jedenfalls sind fast alle Kühe eingegangen.

*Wieviel Bauern sind denn damals in den Westen gegangen aus eurem Dorf?*

Vielleicht so zehn oder fünfzehn Bauern. Ich kannte sie ja auch nicht alle.

*Was meinst du, sind die Bauern eigentlich heute noch daran interessiert, eine eigene Wirtschaft zu haben?*

Was heißt interessiert. Es hat sich ja gewandelt. Wenn ich meinen Nachbarn ansehe, dann hat der ja eine Wirtschaft. Der hat fünf Bullen und dreizehn Schweine. Mehr hatten wir ja früher auch manchmal nicht. Jetzt machen die Bauern parallel zur LPG ihre Eigenwirtschaft. Für'n gutes Schwein kriegen sie tausend Mark. Für'n Bullen, den man zwar zwei Jahre füttern muß, bekommt man vier- bis fünftausend Mark. Das sind ja ihre Nebeneinnahmen, aber die sind ja oft höher als ihre Einkommen durch die Arbeit auf der LPG. Die bewirtschaften jede Ecke. Um die Rest- und Splitterflächen, für die die LPG-Maschinen zu groß sind, – die werden alle privat bewirtschaftet – hauen sie sich die Köpfe blutig.

*Aber das ist alles Arbeit nach Feierabend, sonst arbeiten sie doch auf der LPG?*

Die Leute arbeiten dauernd, aber soviel ich das sehen kann, vernachlässigen sie natürlich die Arbeit auf der LPG. Das bedeutet für sie nur, daß sie versichert sind, Futter bekommen, und was sie noch so brauchen, das klauen sie. Da verpfeift einer den anderen nicht. So hat sich das entwickelt. Es sind alles wieder Kleinbauern, die mit großer Hingabe ihre Äcker bestellen.

*Was machen sie denn mit dem vielen Geld?*

Die wollen alle Autos, der Trabant ist nur noch ein Transportmittel, und dann staffieren sie ihre Wohnungen aus. Und der Staat hat es gut, denn die liefern ja alles Vieh für den Export. Die Tiere aus der eigenen Produktion kommen ja gleich in eine besondere Güteklasse. Das Vieh geht alles rüber. Für'n Karnickel bekommt man fünfzig Mark. Wer schlachtet denn da noch für sich ein eigenes Karnickel. Da gehst du in den Laden und kaufst dir für zwanzig Mark Keulen.

*Und was ist, wenn mal die Produkte nicht mehr subventioniert werden?*

Ja, der Staat braucht doch Leute, die die schweinisch teuren Schrankwände bezahlen können und den teuren Kram. Wer weiß, wie das mal alles werden wird. Auf jeden Fall war es schrecklich, daß man entgegen seinem eigenen Willen in die LPG mußte. Man hat sich immer beschissen gefühlt. Und man hat sich keinen großen Kopf gemacht, die LPG zu bescheißen, sozusagen.

Auf der II. Parteikonferenz der SED im Juli 1952 wurde der »planmäßige Aufbau des Sozialismus in der DDR« beschlossen. Für die Landwirtschaft wurde daraus die Forderung hergeleitet, »die Vorbereitungen dafür durch die Gründung von LPG zu schaffen«. Schon vor dieser Parteikonferenz, aber vor allem danach, wurden erste LPG in einer Reihe von Kreisen der DDR gegründet. Wegen der wirtschaftlich schwierigen Existenzbedingungen der im Zuge der Bodenreform geschaffenen Neubauerngehöfte setzten sich diese ersten LPG fast ausschließlich aus ehemaligen Neubauern zusammen. Im August 1952 wurden eine VO über die Bestätigung und Registrierung von LPG und im Dezember Musterstatuten sowie eine Musterbetriebsordnung erlassen. Danach waren drei Typen von LPG möglich:

Typ I umfaßte die gemeinsame Nutzung des eigenen und des gepachteten Ackerlandes durch die LPG. Bei den erforderlichen Feldarbeiten war ein festgelegter Arbeitsumfang für die Genossenschaft zu erbringen. Die Bewertung der Arbeiten erfolgte in Arbeitseinheiten. Die individuelle Bezahlung erfolgte zu 80% nach Fläche und Wert des vom einzelnen Genossenschaftsbauern in die LPG eingebrachten Bodens und zu 20% nach den geleisteten Arbeitseinheiten.

Im Typ II brachten die Mitglieder außer dem Ackerland auch die motorischen und tierischen Zugkräfte sowie Maschinen und Geräte zur gemeinsamen Nutzung in die LPG ein. Der Typ II erlangte während der gesamten Kollektivierungsphase keine besondere Bedeutung.

Im Typ III wurde der gesamte Grund und Boden, also einschließlich des Grünlandes, des Waldes, der Fischteiche und aller sonstigen Flächen sowie das gesamte Besatzkapital (Maschinen und Geräte, Vieh, Wirtschaftsgebäude) zur gemeinsamen Bewirtschaftung eingebracht. Formell blieben die Eigentumsrechte an den eingebrachten Bodenanteilen bestehen, ebenso bleiben das Erb- und Verkaufsrecht – allerdings bei einem Vorkaufsrecht der LPG – für den einzelnen Genossenschaftsbauern gewährleistet. In diesem LPG-Typ erfolgte die Verteilung der Einkünfte zu 20% nach den eingebrachten Bodenanteilen und zu 80% nach Arbeitseinheiten.

Für die private Nutzung durfte im Typ III und darf heute jedes Genossenschaftsmitglied 0,5 ha landwirtschaftliche Nutzfläche als persönliche Hauswirtschaft bewirtschaften, wobei die Bearbeitung außerhalb der genossenschaftlichen Arbeitszeit erfolgen muß. Das Land der persönlichen Hauswirtschaft ist meistens privates Gartenland am eigenen Wohnhaus bzw. ehemaligen Bauernhof. Dieses Land ist verkäuflich und vererbbar. Hauswirtschaften, die von den Genossenschaften Nichtmitgliedern zur persönlichen Nutzung übergeben werden, verbleiben im Verfügungsrecht der Genossenschaften.

Grundsätzlich galt für alle LPG-Typen, daß die Haupteinnahmequelle der LPG-Mitglieder die genossenschaftliche Arbeit sein sollte. Aus den ehemals einzeln produzierenden Bauern sollten gemeinschaftlich und zugleich spezialisiert arbeitende Arbeitskollegen werden.

## Zwei Briefe

### I.

Da ist ein Brief. Grob das Papier,
Die Schrift von harter Bauernhand:
»Man pfändet mir das letzte Land.
Der letzte Ochs wird ausgespannt:
Leer steht mein Stall, der voll einst stand.
Die Steuerlast erdrückt mich schier.
Für Dünger, Saatgut fehlt mir Geld.
Das Dach ist schadhaft auf dem Haus:
Zum Ersten jagt man mich hinaus,
Weil dann die Hypothek verfällt.
Ich bitt ergebenst die Regierung
Um irgendeine Regulierung!
Wir Bauern sind doch auch nicht schlechter
Als andere. – Emil Beier, Pächter.«

### II.

Ein anderer Brief. Grob das Papier,
Die Schrift von harter Bauernhand:
»Genosse Stalin, unser Land
Trug Ernte, vorher nie gekannt,
Weil dein Statut wir angewandt.
Genosse Stalin, Dank sei dir.
Jetzt sind wir reich. Dreihundert Rinder.
Gemüsegärten überall.
Elektrisch Licht, Gemeinschaftsstall.
Ein neues Schulhaus für die Kinder.
Doch weiter! Größern Reichtum zeigen
Soll unser Land, uns ewig eigen,
Auf seinen Äckern, satten Triften!«
Und dann: viel hundert Unterschriften.

Aus Hedda Zinner: »Dichtungen an Stalin«

Aus dem Jugendgesetz der DDR, 28. Januar 1974

§ 1(1) Vorrangige Aufgabe bei der Gestaltung der entwickelten sozialistischen Gesellschaft ist es, alle jungen Menschen zu Staatsbürgern zu erziehen, die den Ideen des Sozialismus treu ergeben sind, als Patrioten und Internationalisten denken und handeln, den Sozialismus stärken und gegen alle Feinde zuverlässig schützen. Die Jugend trägt selbst hohe Verantwortung für ihre Entwicklung zu sozialistischen Persönlichkeiten.

§ 1(2) Aufgabe eines jeden Bürgers ist es, auf sozialistische Art zu arbeiten, zu lernen und zu leben, selbstlos und beharrlich zum Wohle seines sozialistischen Vaterlandes – der Deutschen Demokratischen Republik – zu handeln, den Freundschaftsbund mit der Sowjetunion und den anderen sozialistischen Bruderländern zu stärken und für die allseitige Zusammenarbeit der sozialistischen Staatengemeinschaft zu wirken. Es ist ehrenvolle Pflicht der Jugend, die revolutionären Traditionen der Arbeiterklasse und die Errungenschaften des Sozialismus zu achten und zu verteidigen, sich für Frieden und Völkerfreundschaft einzusetzen und antiimperialistische Solidarität zu üben. Alle jungen Menschen sollen sich durch sozialistische Arbeitseinstellung und solides Wissen und Können auszeichnen, hohe moralische und kulturelle Werte ihr eigen nennen und aktiv am gesellschaftlichen und politischen Leben, an der Leitung von Staat und Gesellschaft teilnehmen. Ihr Streben, sich den Marxismus-Leninismus, die wissenschaftliche Weltanschauung der Arbeiterklasse, anzueignen und sich offensiv mit der imperialistischen Ideologie auseinanderzusetzen, wird allseitig gefördert ...

# DIE STÄRKEREN – sind wir!

Bauer Wolter ! Das ist nicht der richtige Dampfer, auf dem Du
zum besseren Leben fahren willst !

Das ist es, was wir alle wollen, ein besseres Leben, ein Leben
in Frieden und Wohlstand. Das will auch Bauer Wolter aus Wollin,
daran zweifeln wir nicht . Aber w i e  das bessere Leben schaffen ? W i r sagen : Durch die genossenschaftliche Produktion auf
dem Lande .
Bauer W o l t e r  aber sagt:" Macht erst ein Gesetz, daß wir
alle eintreten müssen ! "
Heute weiß beinahe jedes Kind, daß man mit der Großproduktion
mehr erzeugen kann, als mit der individuellen Produktion. Das
gilt auch für das Land. Sollte Bauer Wolter das nicht wissen ?
In den kapitalistischen Ländern wird auch eine Großproduktion entwickelt. Aber auf w e l c h e m  Wege ? Tausende von Bauernwirt-
schaften werden ruiniert. Die großen fressen die kleinen auf.
Ja, mit dem "Grünen " Plan ist beabsichtigt, alle Wirtschaften
unter 2o ha zu beseitigen ! Aber warum ?  Doch deshalb, weil die
Großraumwirtschaft mehr einbringt. Das wissen auch die Kapitalisten.

Soll unsere Regierung einen solchen Weg einschlagen, Bauer Wolter,
wäre das das Richtige ?
Wir sagen n e i n !
Unser Arbeiter und Bauernstaat hat Euch Bauern jede Möglichkeit
der Entwicklung gegeben. Noch nie ist es Euch so gut gegangen !
Aber jetzt gibt es ohne moderne Großproduktion keine wesentliche
Steigerung der Produktion mehr. Wir müssen aber die Produktion
steigern, um Westdeutschland einzuholen und zu überholen, um
den Krieg zu verhindern.
Die Bauern Wels, Schönfeld, Wolter, Wernicke u.a. aus Rottstock
haben das erkannt und sind der LPG beigetreten. Die Bauern
Albert Engel und Scheffler aus Glienicke haben auch diesen Weg
beschritten.
Wir rufen alle Einzelbauern, wir rufen auch Dich, Bauer Wolter !
Arbeite mit am Sozialismus, hilf mit, die moderne Großraumproduktion
auf dem Lande zu schaffen – damit dienst Du dem Frieden – damit
dienst Du auch Dir selbst !

Fb 2116/59 I/4/2/31 1946

# Matthias, 18 Jahre, Halle

*M. ist 1971 geboren. Die zehnte Klasse beendete er mit dem Prädikat »Auszeichnung«. Zur EOS (Erweiterte Oberschule) wurde er nicht zugelassen, und so mußte er den Wunsch, später Mathematik zu studieren, aufgeben. Seine Lehre als Offsetdrucker beendete er mit »Gut«, trotzdem wurde er nicht zum Abitur an der Volkshochchule zugelassen. Die Begründung war »mangelnde Kapazität«.*

*Was bedeutet für dich ›40 Jahre DDR‹? Hast du dir schon einmal darüber Gedanken gemacht?*

Also, erst einmal bedeutet das für mich nichts, weil ich bisher eigentlich nichts damit zu tun hatte, über irgend etwas zu entscheiden. Es hat mich ja manches berührt bzw. gestreift, aber ich habe mehr das Gefühl, daß es mir geschieht oder daß ich manche Dinge ertragen muß, aber nicht, daß ich irgend etwas damit zu tun hätte. Und ich habe mir überlegt, daß sich ja auch überhaupt nichts ändern konnte, weil immer noch dieselben Gedanken von denselben Leuten weitergetragen werden. Die Repräsentanten gab es ja alle schon vor 40 Jahren. Ich meine die Gedanken, die den Staat, die 40 Jahre DDR stützen. Also das, was man jetzt liest, die Parolen, die mit 40 Jahren DDR in Verbindung gebracht werden, die sind für mich der größte Quatsch. Alles, was geschafft sein mußte, und alle Errungenschaften werden mit diesen 40 Jahren in Verbindung gebracht, und ich finde, daß das alles nichts damit zu tun hat. Irgendwie ist das ein ganz billiger Trick.

*Ich glaube, daß hier ein mangelndes Geschichtsbewußtsein zum Vorschein kommt, das bei vielen zu bemerken ist. Denn eigentlich war damals doch vieles anders. Nach dem Krieg sind die Leute doch anders ›angetreten‹, denn es hat ja etwas Neues begonnen – auch die Parolen waren damals glaubwürdiger. Aber für dich ist es wahrscheinlich so, daß die Parolen,*

*gleich als du mit ihnen das erste Mal in Berührung kamst,
also immer schon, unglaubwürdig waren.*

Als Kind habe ich mich davon eigentlich nie berührt gefühlt. Durch meine Erziehung habe ich mich darüber erha-
ben gefühlt, auch darüber nachzudenken, es ging mich
einfach nichts an. Ich muß auch sagen, daß mein Interesse
auch jetzt annähernd Null ist, ich schieb das jetzt genauso
weg, das will ich auch nicht abstreiten. Mich interessiert
das alles nicht, weil ich immer denke, aufgrund meiner
›Antihaltung‹ habe ich kein Recht, da mitzureden. Da ist
irgendein Mechanismus, der mich davon abhält.

*Worin besteht denn diese Antihaltung?*

Es gibt hier eine bestimmte Art und Weise, mit der auf alles
reagiert wird. Es wird nicht natürlich reagiert. Und ich fühle
mich nicht als ein Lebewesen verstanden. Ich muß immer
überlegen – das finde ich schlimm an diesem Staat –,
man muß immer überlegen, wie man sich verhält, um
zurechtzukommen, eigentlich muß man sich durchwinden.
Mit politischem Engagement ist es so, daß ich wirklich
verdrängt habe, etwas tun zu können. Als ich jünger war, hat
mich das noch teilweise interessiert. Und mit dem Begriff
›Opposition‹ kann ich zwar was anfangen, aber ich habe
Angst davor, mich da einzuschließen. Ich weiß auch nicht,
warum das so ist – auf jeden Fall ist es aber bequemer.

*Meinst du nicht, daß du da überfordert warst? Wenn du
sagst, daß man sich immer durchwinden muß, fehlt vielleicht
schon dadurch die Kraft zu solchen Aktivitäten.*

Man überlegt sich dann, daß auch ohne Aktivitäten alles
nicht so richtig geklappt hat, und würde man jetzt noch
Widerstand leisten, klappt erst recht nichts. Ich beschäfti-
ge mich zwar mit anderen Sachen, aber nicht mit dem, was
mich von außen hemmt oder was mich stören könnte.

*Wie hat es auf dich gewirkt, daß du nicht zum Abitur zuge-
lassen wurdest, trotzdem du in der FDJ warst, ein guter
Schüler warst und dich eigentlich – um mit deinen Worten zu
sprechen – immer gut durchgewunden hast?*

47

Also, die kleinen ›Streiche‹, die ich manchmal gemacht habe, haben voll durchgeschlagen. Ich habe da so ganz lächerliche Sachen gemacht, woran man meinte, meine Haltung erkennen zu können. Ich habe z.B. irgendwelche Sprüche losgelassen oder in mein Buch geschrieben – so aus Langeweile. Aber ich habe mich eigentlich nie intensiv oder ernsthaft damit beschäftigt, das war nur so aus Spaß. Und dann hat man mir mehrmals gesagt, ich sei für ein Abitur nicht reif. Also das kommt mir doch eher schicksalhaft vor. – Dann habe ich die Lehre gemacht und merke jetzt, daß ich mich in dieser Zeit oft eingesperrt gefühlt habe. Irgendwie schaffe ich es nicht, den Weg zu gehen, den ich für richtig halte. Ich hab's einfach nicht gelernt, mich zu entscheiden – das fällt mir unheimlich schwer, und das finde ich schlimm. Nochmal zum Thema DDR: Es ist so, daß ich mich jetzt zurückgezogen habe oder das zumindest versuche, um damit nichts mehr zu tun zu haben. Indem ich Entscheidungen herauszögere, versuche ich, aus der Realität zu flüchten, und das hat mich der Staat gelehrt.

*Wenn Du Dir etwas wünschen könntest – was wäre das?*

Ich wünsche mir, daß ich immer den Mut hätte, mich auszudrücken. Das habe ich noch nie richtig geschafft, das wäre mir wichtig. Jedem zu zeigen, was ich will, und nicht immer zurückzustecken . . .

„Bitte in die DDR, ich lege Wert auf eine gute Schulbildung!"

Zeichnung: Prof. Beier-Red

## Erika, 54 Jahre, Stendal

*E. wurde 1935 in Schlesien geboren. Ihr Vater ist gefallen. Sie kam durch die Kriegsereignisse 1945 nach Hamburg. 1954 begann sie ihr Medizinstudium in Kiel. E. lebte bis 1961 in der Bundesrepublik und kam dann in die DDR. Seitdem arbeitet sie als Psychiaterin. E. hat drei erwachsene Kinder und ist geschieden.*

*Du bist einer der wenigen Menschen, die ich kenne, die vom Westen in die DDR gekommen sind. Die DDR war dir bekannt. Mich würde sehr interessieren, was dich bewogen hat, hierher zu kommen, welche Erwartungen du damals hattest und ob sie sich erfüllt haben.*

Ich bin ja nicht nur hierher gekommen, ich bin wieder hierher gekommen, nachdem ich verhaftet worden war. Ich muß ganz kurz sagen, daß ich ostelbische Adelsvergangenheit habe und von daher ganz früh in Opposition zu meiner Familie und allem, was damit verbunden ist, gelebt habe. Aus dieser Opposition heraus habe ich damals, 1954, mein Studium in Kiel angefangen und bin linken Kreisen nahe gewesen. Ich habe mich dafür interessiert und auch Marxismus-Vorlesungen gehört.

*Ihr seid durch die Kriegsereignisse nach Westdeutschland gekommen?*

Ja, wir sind geflohen, 1945 aus Schlesien. In meiner Familie – mein Vater ist gefallen – ist, glaube ich, auch ein erheblicher Standesdünkel, gegen den ich abweisend eingestellt war. Ja, das ist vielleicht so der Hintergrund. Ich hatte viele Kontakte zur DDR durch die Studentengemeinde. Und diese Kontakte, auch auf der Patengemeindeebene, haben dann zu meiner Verhaftung in der DDR geführt. Ich stand unter dem Verdacht, Spionage gemacht zu haben, und es dauerte ein Jahr, dies aufzuklären oder nicht aufzuklären. Ich bin dann gegen einen Spion ausgetauscht worden. Und dann habe ich mein Studium in Göttingen beendet und in Bremen am Fernseher erlebt, wie die DDR von Ärzten entblößt wurde. Ich hatte immer den Gedanken, in der Bundesrepublik mußt du nicht bleiben, das ist kein Land für Ärzte, vielleicht mal ein Entwicklungsland. Auch wegen der Sprache hatte ich immer ein bißchen Angst vor Afrika, und da habe ich gedacht, eigentlich ist dein Entwicklungsland die DDR. Dieser Entschluß ist dann allmählich Wirklichkeit geworden. Das war 59, 60. Und als dann 61 die Mauer kam, wurde mir ganz radikal gesagt, entweder Sie bleiben jetzt hier oder Sie verschwinden ganz. Und damals kannte ich meinen L. schon, und dann bin ich hiergeblieben. Aber das war nicht der primäre Grund für meinen Entschluß, sondern ich sagte mir, daß ich als Ärztin sinnvoll sein kann. Und wenn ich mir die ganzen dreißig Jahre ansehe, denke ich, daß ich das eigentlich nicht bereut habe, als Ärztin hier zu sein, weil ich wirklich immer mit einem Horror gesehen habe, wie meine Kollegen drüben von den ökonomischen Zwängen abhängig waren und ihrem Arztsein. Und das habe ich immer als enorm gut empfunden, daß wir das hier in der Weise nicht sind, daß wir wirklich nicht gucken müssen, was kostet das Medikament und was kostet die Untersuchung.

*Aber weißt du, als Patient hat man eigentlich doch schon das Gefühl, daß es zwei Arten von Patienten gibt, in Berlin das Regierungskrankenhaus, Privatpatienten usw. Meinst du nicht, daß es hier andere Zwänge für einen Arzt gibt? Das wird ja von Ärzten auch oft als Grund angegeben, daß sie nach dem Westen wollen. Ich kann natürlich das als Grund nicht akzeptieren, aber ist es nicht so?*

In Bernburg, in unserer Klinikzeit, gab es auch eine Regierungs- und Privatstation. Das war mein größter Horror. Ich bin zum Glück immer verschont geblieben und mußte nicht dorthin. Ich glaube, das hätte ich auch nicht getan. Ich habe auch mit Traurigkeit gesehen, daß L. dort die erste Zeit auf einer Privatstation war. Das entfällt dann aber für einen Arzt, der selbständig geworden ist. Ich würde sagen, das liegt dann in seinem eigenen Ermessen, wie er mit den Problemen umgeht, und ich habe mich nicht beengt gefühlt durch solche Zwänge. Du erlebst auch unterprivilegierte Patienten, z. B. alte Leute, die nicht mehr auf Kur können, weil sie nicht mehr in einem Arbeitsrechtsverhältnis stehen, und wo du um den einzelnen kämpfen mußt. In meinem Fach besonders. Bei aller Gerechtigkeit und sozialem Gleichgewicht im Gesundheitswesen sind die Alten unwahrscheinlich unterprivilegiert.

*Ich möchte doch noch einmal darauf zurückkommen, warum du in die DDR gekommen bist. Der Grund »mein Entwicklungsland als Arzt« erscheint mir zu klein, denn es ist ja nun nicht Mocambique. Es gibt die gleiche Sprache, die gleiche Kultur. Es war ja eine Reise von West nach Ost. Hattest du noch andere Hoffnungen als die, daß du hier sinnvoll als Arzt tätig sein kannst?*

Ja, im medizinischen Bereich habe ich es schon ein bißchen angedeutet, aber ich hatte auch die Hoffnung, daß in einer sozialistischen Gesellschaftsordnung mehr Gerechtigkeit und Menschlichkeit zu finden ist, ja, das habe ich gehofft. Aber diese Hoffnung ist weitgehend enttäuschte Hoffnung. Sehr oft bin ich gefragt worden, kannst du es verantworten, in dieser Gesellschaft Kinder in die Welt zu setzen, den ganzen Bildungsweg auf sich zu nehmen. Lange habe ich gesagt, ja, das kann ich. Ich habe die Hoffnung, daß hier nonkonformistisches Leben möglich ist. Aber dann habe ich in der Schulzeit meiner Kinder unheimlich mitgelitten. Außerdem war S., der Jüngste, auch nicht besonders blendend in der Schule. Bei leistungsstarken Schülern wird ja das Anderssein, das sie von zu Hause mitbringen, mit einem stärkeren Selbstbewußtsein getragen. Aber bei dem Jüngsten war das unheimlich problematisch. Heute ist es so, daß ich volles Verständnis dafür hätte, wenn eines meiner Kinder sagen würde, ich halt es hier nicht mehr aus, ich gehe rüber. Aber mein Ding ist es irgendwie nicht. Ich habe das Gefühl, auch gerade weil ich die repressiven Zeiten hier kennengelernt habe, daß ich auch weniger Ängste habe und hier ganz gut leben kann. Die Kinder sind jetzt erwachsen, und nach der Scheidung habe ich ja auch kaum noch die Verantwortung für die Familie und kann mich politisch exponieren.

*Ich denke ja, daß der Sozialismus in der DDR gescheitert ist. Aber der Gedanke . . . hast du ihn aufgegeben?*

Nein, ich habe ihn nicht aufgegeben. Ich habe die Vorstellung, daß wir immer mehr werden, die sich für mehr Wahrhaftigkeit in unserer Gesellschaft engagieren, und daß wir da Chancen haben. Und ich denke mir, daß diese Art, sich zusammenzufinden, effektiver ist als in einem pluralistischen System wie drüben, wo es so leicht ist, eine bestimmte Idee öffentlich zu machen. Die Schwierigkeit, Öffentlichkeit herzustellen, macht sie auch dann viel effektiver, wenn es gelungen ist, sie herzustellen. Da glaube ich dann auch an Veränderbarkeit unseres Systems.

*Sprechen eigentlich auch manchmal Ärzte, die vorhaben wegzugehen, mit dir über ihre Absichten? Oder machst du ihnen ein schlechtes Gewissen?*

Es hat eigentlich nur wenige gegeben, von denen ich wußte, daß sie weggehen wollen. Ich habe immer wieder die Erfahrung gemacht, daß in dem Augenblick, in dem man erfährt, daß jemand weggehen will, keine Gespräche mehr sinnvoll sind. Aber für mich ist es jedesmal sehr schmerzlich, wenn jemand diese Entscheidung getroffen hat. Manchmal spürt man ja auch nur diese Schwankungen, aber immer, wenn dann dieser Mensch sich politisch engagiert hat und sein Engagement ernstgenommen hat, habe ich gemerkt, daß diese Schwankungen aufgehört haben.

*Was würdest du denn denken ist der Grund, daß gerade die Ärzte in so großer Zahl weggehen? Das sind doch Menschen, die ein Studium hatten, das sie sich wirklich gewünscht hatten, und oft sind sie ja sogar Stations- oder Chefärzte, haben eigentlich alles, was sie brauchen, und gehen weg. Für mich spielt das als ethische Frage eine große Rolle. Was ist man eigentlich für ein Arzt, wenn man seine Patienten im Stich läßt? Man soll das natürlich nicht generalisieren, aber es ist doch ein Unterschied, ob ein Arzt weggeht oder ein Arbeiter seine Maschine stehenläßt.*

Ich sehe für viele Menschen, also auch für Ärzte, viele Motive, die aus der Resignation kommen, die auch nicht wissen, wie sie, ohne sich zu kompromittieren, hier weiterleben sollen. Aber ich sehe auch in unsrem Berufsstand, gerade bei den Jüngeren, daß das schon eine negative Auslese ist, die zum Medizinstudium kommt, weil das Medizinstudium unwahrscheinlich begehrt ist, und es war schon immer so, daß junge Leute eine Menge Kompromisse machen mußten, um bis zum Medizinstudium zu kommen. Daß der Westen dann besonders verführerisch ist, weil da Karrieristen in besonders großer Zahl darunter sind. Obwohl wir als Ärzte einen besonders sicheren Stand haben, wird Kameradschaftlichkeit und Mut sehr wenig aufgebracht. Das ist, glaube ich, ein echtes Manko, das in unserem Stand gewachsen ist durch diese negative Auslese.

*Als Außenstehender habe ich manchmal das Gefühl, daß ich das Gesundheitswesen kritischer sehe als jemand, der dort sein Brot verdient. Manchmal habe ich den Eindruck, man will halt sein Nest nicht beschmutzen. Aber ich halte gerade das Gesundheitswesen für stark veränderungsbedürftig.*

Also das, was man so unter Standesbewußtsein versteht, kann ja auch eine positive Entwicklung sein, aber das sehe ich weder bei uns noch in Westdeutschland. Ich denke, für Patienten ist oft sehr schwer zu unterscheiden: ist dieser Arzt so maßlos überlastet, daß er so wenig persönlich ist, so wenig auf mich eingeht, oder ist es seine persönliche Unsicherheit oder auch Verantwortungslosigkeit. Vieles muß man ihnen ja doch zugute halten, weil sie unheimlich arbeiten. Es ist ein großes Quantum, was jeder Arzt zu bewältigen hat. Aber das Faschistoide, sag ich mal, ist bei uns ganz stark drin. Das hängt damit zusammen, daß wir einfach viel Macht haben. Der Arzt ist gegenüber dem Patienten immer der, der mehr weiß, mehr machen kann.

*Ich glaube, die Rechte und Pflichten des Arztes und des Patienten müßten eigentlich neu diskutiert werden. Müßte es nicht eigentlich zu den Pflichten des Arztes gehören, daß er sich politisch engagiert? Wenn zum Beispiel ein Hautarzt zu mir sagt, ja, die Hautkrankheiten nehmen augenblicklich zu, Umweltverschmutzung, Ernährung usw., dann erwarte ich eigentlich von ihm, daß er sein Wissen in die Ökologiebewegung einbringt und sich für entsprechende Veränderungen einsetzt.*

Ja, das stimmt. Ich weiß zum Beispiel, daß zwei Väter, die schwerst mißgebildete Kinder haben, in der Wismut gearbeitet haben. Aber was mach ich mit so einem Wissen? Da müßte ich eigentlich Umgebungsforschung machen und das Ergebnis veröffentlichen. Und das ist mir nicht möglich.

*Ja, aber du bist in der AKW-Bewegung engagiert, überhaupt bist du ja ein sehr politischer Mensch. Aber das sind ja viele Ärzte nicht. Und bei den Ärzten, die hier in der IPPNW sind, empfinde ich es als Mangel, wenn es immer nur um den Atomkrieg und den atomaren Winter geht. Niemand weiß ja genau, ob nicht schon alles viel zu spät ist, und in diesem Sinn ist ja der Atomkrieg schon längst losgebrochen.*

Ja, das ist richtig. Das ist aber von der Tradition her kaum im ärztlichen Denken drin. Virchow, Albert Schweitzer, das sind so die großen Ausnahmen, die gesellschaftlich gedacht haben. Im allgemeinen denken Ärzte nur ganz individualistisch, von Fall zu Fall. Das ist richtig, eigentlich müßte unsere IPPNW da viel breiter sein, denn in ihrer Überschrift hat sie das Wort Frieden aufgenommen, und das ist mehr, als gegen Atombomben zu sein. Aber die anderen Themen, die unsere westdeutschen Kollegen schon längst mit drin haben, werden ja bei uns radikal abgelehnt, zum Beispiel Zivilverteidigung, ökologische Probleme im weitesten Sinn.

*Es gibt ja so viele Themen, von denen ich glaube, daß sie diskutiert werden müßten, zum Beispiel die Frage des freiwillig aus dem Leben Gehens, also Sterbehilfe. Ich weiß schon, wie schwer das zu diskutieren ist – und gerade in Deutschland, aber das überhaupt nicht zu diskutieren, zeigt doch auch, wie unzureichend die Vergangenheit aufgearbeitet ist.*

Wenn du das ansprichst – da scheint mir in den letzten zwei, drei Jahren etwas in Bewegung gekommen zu sein. Daß über das Sterben nachgedacht wird. Es gibt die ersten Veröffentlichungen darüber, wie gehen wir um mit Sterbenden, wie gehen wir um mit Angehörigen. Allerdings das Thema der Selbstbestimmung habe ich bisher noch nicht gehört, und das ist sicher auch das Allerschwerste, wenn der Arzt dort als Helfer auftreten soll. Da hätte ich als Ärztin auch schweren Widerstand, weißt du, einfach aus der Erfahrung heraus, daß der Wunsch, nicht mehr leben zu wollen, auch revidierbar ist. Wir haben sehr viel mit Selbstmordgefährdeten zu tun. Und das ist immer wieder die Erfahrung, daß Zuwendung und Annahme dazu beitragen, daß dieser Wunsch vergänglich ist. – Ich möchte noch gern etwas zur Psychiatrie sagen. Es hat sich viel verändert in den letzten vierzig Jahren. Da gibt es zwei objektive Tatbestände, die man sich nicht leicht bewußt macht. Die Zahl der richtig psychisch Kranken, der Schizophrenen und endogen psychisch Kranken nimmt ja zu. Und die nimmt deshalb zu, weil das Loch, das das Dritte Reich geschlagen hat, sich jetzt wieder auffüllt. Da gibt es nicht einfach eine objektive Zunahme von psychisch Kranken wegen schlimmer sozialer Verhältnisse, sondern die Familien, die damals ausgerottet worden sind, das hat sich einfach wieder ausgeglichen, und es gibt eben wieder neue Schizophrene und Manisch-Depressive. Auch haben wir ja in der DDR von Anfang an im Gesundheitswesen die Säuglingssterblichkeit als Politikum gesehen. Es gab extreme Bemühungen, die Säuglingssterblichkeit niedrig zu halten, dadurch bleiben aber auch hirngeschädigte Kinder am Leben, die dann als zu Rehabilitierende in die Gesellschaft kommen. Ganz egal, wie man zur Frage der Niedrighaltung der Säuglingssterblichkeit steht, die Rehabilitierung der jungen Leute, der psychisch Kranken, ist vorbildlich, soweit ich das sehe. Die Bemühungen um soziale Integration sind vom Gesetzgeber, aber auch von der Verwirklichung her, sicher auch mit lokalen Unterschieden, sehr vorbildlich. Es hängt natürlich auch immer davon ab, ob jemand da ist, der das zu seiner Sache gemacht hat. Aber ich glaube, daß wir da wirklich gut sind im Vergleich zu anderen.

*Du sprichst jetzt von den psychisch Gestörten und nicht von den geistig Behinderten?*

Nein, das würde ich schon zusammen sehen. Ich spreche jetzt von den Hirngeschädigten, also von Kindern, die schon geschädigt zur Welt kommen, die gepflegt, betreut, gebildet und integriert werden müssen. Ich glaube, daß der Alkoholismus eine ganz große Rolle spielt für immer mehr Hirngeschädigte. Und da besteht natürlich ein ganz großes Manko in unserem Gesundheitswesen, weil da viel zu wenig öffentliche Aufklärung erfolgt. Daß einfach die Zahlen nicht genannt werden dürfen, Alkoholkonsum, die Zahl der Süchtigen, die ganze Tragweite des Problems wird nicht benannt. Obwohl es sicher Statistiken darüber gibt, aber die erfährt man eben nicht, die stehen unter Datenschutz. Alkohol, Drogen, längst nicht so wie im Westen, aber auch zunehmend, daß Leute abhängig sind von Medikamenten, das sind Probleme, die leider nur theoretisch behandelt werden. Der Alltag ist dann ziemlich dürftig durch personelle Unterbesetzung, Mangel an Räumen.

*Glaubst du, daß die gesellschaftliche Situation dazu bei-*
*trägt, daß bestimmte psychische Erkrankungen zunehmen?*
*Man kann doch einfach manchmal durch diese Situation*
*depressiv werden. Oder das Reden mit gespaltener Zunge, da*
*muß doch die Seele Sprünge machen, die sie auf Dauer*
*zerstören.*

Also, ich erlebe einfach immer mehr politische Inhalte im
Gespräch mit traurigen Leuten, die wegen ihrer Traurigkeit
in die Sprechstunde kommen, weil sie nicht weiter wissen.
Das muß natürlich nicht immer endogen sein oder eine
Depression. Aber dieses Getrenntsein, die Mauer, auch die
Frustration im Beruf – all das bestimmt immer mehr die
Gespräche. Das ist einfach so. Und manchmal fragt man
sich, wie stehst du eigentlich dazwischen als staatlich ge-
prüfter Arzt, was machst du eigentlich, wenn du immer
wieder so ausgleichend wirkst, denn die Menschen sollen ja
wieder arbeitsfähig werden. Du schreibst einen Menschen
für eine bestimmte Zeit krank, weil er vielleicht Ärger mit
seinem Vorgesetzten hat oder er den Lärm an seiner Maschine nicht mehr aushält, aber dann muß er ja in dieselbe
Situation zurück. Wie weit ist es eigentlich für die Gesellschaft erforderlich, daß du immer wieder so funktionierst,
dazwischen. In unserem Fach ist diese Pufferfunktion ja
auch besonders deutlich, ich glaube, die Chirurgen haben
das Problem nicht. Auch im Interesse der Gesellschaft
Entscheidungen fällen, zum Beispiel: wer ist wehrtauglich.
Und wir haben ja gerade in der Psychiatrie die lang Krank-
geschriebenen, da muß man sich auch fragen, was ist hier
zu verantworten, denn wir sind ja auch die Sachwalter des
Staates und doch von unserer Überzeugung her Anwälte
der Patienten. Also dieser Zwiespalt ist eigentlich immer
da. Und es gibt immer wieder Konfliktsituationen, die letzten Endes nicht aufgearbeitet werden können, weil sie
einen objektiven Hintergrund haben. Ich scheue mich aber
nicht, immer wieder zu sagen: Machen Sie an Ihrem Ort

eine kleine Bewegung in Richtung Wahrheit, das würde Ihnen helfen. Es kommt zwar immer darauf an, aber so was habe ich drauf. Ich glaube aber, daß sich nicht viele Kollegen auf solche Gespräche einlassen. Ich habe ja das Glück, immer in einer Zweiersituation zu sein, da ist Gruppenarbeit schon problematischer.

*Gibt es eigentlich in deinem Beruf Auflagen oder Tendenzen, die gerade das Leben dieser Patienten reglementieren und einschränken? Ich meine solche, von denen du denkst, daß du sie nicht mittragen kannst.*

Wir haben vor Jahren eine Verfügung/Mitteilung in die Hand bekommen als Nervenärzte – aus Versehen, sie sollte eigentlich vom Schreibtisch des Kreisarztes nicht runter. Da war die Anweisung drauf vom Bezirksarzt, vom Minister, daß zur Zeit der Wahlen, des Parteitags psychisch Kranke, die möglicherweise im gesellschaftlichen Alltag auffällig sein könnten, an solchen Tagen in die Klinik zu bringen sind oder nicht beurlaubt werden dürfen. Und das war für mich ein ganz erschreckender Tatbestand. Ich bin damals zur Kreisärztin gegangen und habe sie gebeten, daß sie meinen schriftlichen Protest an den Bezirksarzt weiterreicht. Dazu ist es nicht gekommen. Damals war ich auch noch zu feige. Die Kreisärztin hat zwar gesagt, sie könne das machen, wenn ich darauf bestehen würde, aber sie würde wahrscheinlich eine Rüge bekommen. Da habe ich gesagt, na gut, dann ziehe ich meinen Protest zurück, aber ich hoffe, daß sie das mündlich weitersagt. Und natürlich ist uns so ein Schreiben nie wieder begegnet. Aber ich befürchte, daß es immer wieder solche Aufforderungen geben wird.

*Aber wie soll sie realisiert werden, wenn ihr sie nicht erhaltet?*

Sie geht nicht an uns, aber andere Kollegen sind mündlich aufgefordert worden, daß sie sich so und so zu verhalten haben. Ich denk da an die Gerüchte, die man aus der SU gehört hat, daß Leute, die anders denken, in psychiatrische

Anstalten eingewiesen werden. Wer will denn einschätzen, ob sie psychisch krank sind oder manchmal nur eine andere Meinung haben? Diese Menschen haben ja oft ihre Angst abgeschüttelt und sagen einfach ihre Meinung. Insofern ist es sehr bedenklich, wenn so etwas zentral von oben durchgestellt wird.

*Ich denke, daß das dazu paßt, daß das »Unnormale« – ob geistig oder körperlich – aus der Welt des Sozialismus draußen zu bleiben hat. Das ist mir im Westen aufgefallen, daß man ständig jemanden trifft, der behindert ist. Die nehmen Raum im Leben ein – und ich habe mich gefragt: wo leben die denn bei uns?*

Ich denke, die sind bei uns – im Alltag. Sie sind ja kaum noch in Anstalten – sie sind ja da. In Stendal sieht man sie – ich sehe meine chronisch Kranken auf Schritt und Tritt. Viele werden auch konzentriert in Reha-Heimen, Gehörlosen-Schulen usw. Das hat aber auch praktische Gründe, die ich anerkennen kann. Vielleicht sehe ich das wirklich etwas einseitig, aber wir haben in Stendal sehr viele Reha-Einrichtungen – deshalb sind diese Menschen dort konzentriert. Kann schon sein – für die jungen Leute kann ich das nicht so bestätigen, aber wohl für die Alten. Die sind ausgegrenzt, für die ist auch kein Platz in den Wohnungen. Da glaube ich, daß auch die jungen Menschen ein Defizit haben, wenn sie keine Alten mehr ertragen. Wenn man das Gebrechliche nicht mehr miterlebt, nicht an sich heranläßt. Aber die Behinderten sind, so gut es geht, in den Betrieben und überall integriert.

*Vielleicht sind auch die Bedingungen im öffentlichen Leben so schlecht, daß sie kaum Möglichkeit haben, sich in der Öffentlichkeit frei zu bewegen. Im Westen habe ich ständig Aufzüge für Rollstuhlfahrer gesehen – und natürlich auch Rollstuhlfahrer. Vielleicht ist es ähnlich wie mit den Radfahrwegen – wenn es mehr gäbe, würden auch mehr Leute Rad fahren. Aber wenn man bei uns nur ab und zu mal einen*

*sieht, kann man sich schwer vorstellen, daß wegen der weni-*
*gen überall Rollstuhlaufzüge sein müßten. Ich beurteile das*
*vielleicht mehr aus der Sicht derjenigen, die mit behinderten*
*Menschen leben. Die Tochter meiner Schwägerin ist als nicht*
*förderungsfähig eingestuft worden. Sie hatte einen Privat-*
*lehrer – heute kann sie mir eine Urlaubskarte schreiben.*
*Oder ich denke an E., die eine geistig behinderte Tochter*
*hatte und selbst körperbehindert war. Sie bekam eine Woh-*
*nung im 11. Stock – der Fahrstuhl ging nur bis zum 10. Stock.*
*Es ist für mich unmenschlich und herzlos, jemanden als*
*nicht förderungsfähig einzustufen oder so eine Wohnung*
*als Behindertenwohnung zu bezeichnen.*

Das sind vielleicht auch Einzelprobleme – das hängt dann
von denen ab, die das entscheiden.

*Vielleicht bist du aber auch etwas »betriebsblind«, weil du da*
*mittendrin steckst und täglich mit diesen Problemen zu tun*
*hast.*

Da hast du vielleicht auch recht. Davon bin ich auch überzeugt, weil durch die Fülle der Probleme vieles ausgeblen-
det wird, wenn man dem nicht gewachsen ist.

*Ich wünsche mir, daß es die Möglichkeit gäbe, daß sich*
*die Eltern behinderter Kinder zusammenschließen und ihre*
*Probleme in die Öffentlichkeit tragen. Daß sie z.B. selbst*
*geschütztes Wohnen für ihre Kinder organisieren und selbst*
*ausgesuchtes Betreuungspersonal anstellen können. Ich*
*glaube, wir müssen lernen, unverschämte Forderungen zu*
*stellen und nicht nur immer zufrieden zu sein mit dem, was*
*gemacht wird.*

Ja, da hast du recht. Aber ich denke daran, daß wir in
Stendal versuchen, Eltern von Betroffenen zusammenzu-
bekommen. Und daß uns das im Grunde nicht gelingt. Aber
das sind auch Eltern, die noch keinen Blick dafür haben,
daß sie aufstehen und was machen könnten – oder die aus
einem ungünstigen Milieu kommen und dazu nicht in der
Lage sind. Wir sind ja sozusagen auch wieder nur eine

Institution, und da kann nichts kommen. Die Impulse zu Selbsthilfegruppen – das ist sicher etwas, was uns kaum noch in den Sinn kommt, weil es nicht machbar ist.

*Was hast du denn für Wünsche für dieses Land? Hast du noch welche, von denen du auch hoffst, daß du ihre Erfüllung noch erlebst?*

Also, persönlich habe ich den Wunsch, einen individuellen Tod sterben zu dürfen, keinen kollektiven, aber das ist jetzt sehr egoistisch geantwortet. Dann habe ich den Wunsch, daß das Leiden unter der gegenwärtigen Restriktion Widerstandskraft produziert. Daß nicht mehr hoffnungslose Jugend heranwächst, die nichts mehr für die Zukunft erwartet, sondern daß da Impulse kommen, von denen ich mit meinen über fünfzig Jahren nur ahnen kann, in welche Richtung sie gehen. Aber wenn ich so sehe, wie meine Söhne daherimprovisieren . . . also ich kann es nicht mehr richtig verstehen. Aber ich ahne, daß da was Richtiges, was Echtes dran ist, und in dieser Richtung liegt irgendwie meine Hoffnung, daß aus diesen individuellen Kräften, die im wesentlichen aus solchen Enttäuschungen und Erfahrungen kommen, sich neue Inseln bilden, die dann auch irgendwann enger zusammenfließen. Und die sehe ich überall entstehen.

Deklaration von Lissabon 1981
Vom Weltärztebund verabschiedete Grundrechte der Patienten

- Der Patient hat das Recht auf freie Arztwahl.
- Der Patient hat das Recht, von einem Arzt behandelt zu werden, der seine klinischen und ethischen Entscheidungen frei und ohne Einfluß von außen treffen kann.
- Der Patient hat das Recht, einer Behandlung nach angemessener Aufklärung zuzustimmen oder sie abzulehnen.
- Der Patient hat das Recht zu erwarten, daß der Arzt über seine medizinischen und persönlichen Daten Schweigen bewahrt.
- Der Patient hat das Recht, in Würde zu sterben.
- Der Patient hat das Recht auf geistige und moralische Unterstützung, die er auch ablehnen kann; das schließt das Recht auf den Beistand eines Geistlichen seiner Religion ein.

## Christina, 46 Jahre, Berlin

*Ch. wurde 1943 in Lauchhammer geboren. Dort lebte sie allein mit ihrer Mutter. Diese starb, als Ch. 14 Jahre alt war. Daraufhin kam Ch. in ein Kinderheim bei Berlin. Sie lernte den Beruf der Kindergärtnerin und arbeitete dann in Berlin als Sachbearbeiterin. Ch. hat eine erwachsene Tochter.*

*Was bedeutet es eigentlich für dich, 40 Jahre in diesem Land gelebt zu haben?*

Das sind ja 40 Jahre meines Lebens. Es gab Zeiten, in denen ich nicht weiter über die DDR nachgedacht habe. Aber gerade in meiner Kindheit war das wichtig. Standpunkt gewinnen oder so. Mein ganzes politisches Wissen ist ja eigentlich ein emotionales Wissen. Das hat auch seine Ursache darin, daß die Lehrer in den fünfziger Jahren emotional waren. Ich hatte ja nur Neulehrer. Die waren ja so enthusiastisch. Viele waren Anfang zwanzig und haben nur mit Emotionen gearbeitet. Das hat mich auch begeistert. Nicht nur begeistert, auch erschreckt. Alles, was ich über die Nazizeit gehört habe, über die KZ, das hat mich ziemlich wach gemacht und an meinem bürgerlichen Elternhaus zweifeln lassen. Ich kann mich daran erinnern, daß ich als Kind unter den Konflikten gelitten habe.

*Hat deine Mutter nicht mit dir über diese Zeit reden können?*

Nein, ich habe nicht darüber reden können. Das war ganz bürgerlich. Meine Mutter, meine Freunde und Bekannte waren nicht dem Sozialismus gegenüber aufgeschlossen. Faschistisch war das nicht, aber gegen alles, was jetzt da kam. Man wartete auf die Befreiung, wenn du so willst. Meine Mutter und meine Tante hatten mal ein Streitgespräch. Meine Mutter warf ihr vor, daß sie Hitler zugejubelt hätte. Irgendwie wußte ich schon, daß das nicht in Ordnung war, aber auf der anderen Seite hatte ich diese Tante sehr gern, sie war sehr sanft. Also, in solchem Konflikt war ich als Kind sehr oft, z. B. waren Brüder meiner Mutter Obersturmbannführer. Gleichzeitig die Angst vor den Russen, ich wußte immer nicht, was ich glauben sollte. Das zu Hause, in der Schule oder in der Kirche, das war nicht einheitlich. Eigentlich hat sich das durch mein ganzes Leben gezogen. Das ganze Auf und Ab im Sozialismus hat sich auch durch mein Leben gezogen. Ich habe immer im Berufsleben gestanden und mußte mich mit den Dingen auseinandersetzen. Manchmal wollte ich gegen alles sein, aber das ist natürlich auch schwer, wenn du jeden Tag gezwungen bist, damit zu leben. Man kann natürlich alles ablehnen, aber da wird man nur bitter und böse. Aussteigen konnte ich nicht, mich anpassen wollte ich nicht, verbittern auch nicht. Das war immer ein Konflikt. Eigentlich hätte ich es schon gern angenommen. Ich wollte ja an etwas glauben. 40 Jahre DDR sind ganz stark damit verbunden, eine Einstellung zu entwickeln.

*Ist es nicht merkwürdig, daß man von einer angeblich wissenschaftlichen Weltanschauung sagt, »ich hätte gern daran geglaubt«?*

Ja. Von der Wirklichkeit her wußte ich ja, daß es nicht funktioniert, von Angang an nicht. Trotzdem hat man ja Lust, irgendwohin zu gehören und mitzumachen. Aber es hat sich ja bestätigt, was die Leute damals in den fünfziger Jahren gesagt haben, daß so etwas nicht funktionieren kann. In den sechziger und siebziger Jahren hatte ich genug damit zu tun zu überleben, politisch waren die nicht so entscheidend für mich. In meiner Kindheit habe ich da vor großen Wirren gestanden. Und jetzt steht man's wieder. Weil's auch parallel läuft zum Leben. Mit 40 muß man auch langsam überlegen, na, wer bist du denn eigentlich? Da kannst du ja nicht mehr sagen, nun werde ich noch alles. Ist schon verrückt, aber das trifft auch auf so einen Staat zu. Was ist nun eigentlich? Der kann auch nicht mehr alles werden.

*Was kann er denn deiner Meinung nach nicht mehr werden?*
Na, auf gar keinen Fall kann er das werden, was er vorgibt zu sein. Ein sozialistischer Staat kann er auf gar keinen Fall werden. Das hat er gleich zu Beginn verspielt, verdorben. Es waren ja auch die Gegebenheiten nicht so. Das war eine Utopie. Und man kann Sozialismus nicht anordnen. Da kann der Mensch sich nicht identifizieren. Meiner Ansicht nach ist es die Misere des Sozialismus, daß er keine Zeit hatte. Deshalb mußte auch so eine Diktatur entstehen.
*Meinst du nicht, daß man sich dem auch auf demokratische Weise hätte nähern können?*
Na, ich weiß nicht. Ich bin in einer Kleinstadt aufgewachsen und ich kenne außer dem Bürgermeister niemanden, der sich Kommunist genannt hätte. Und eigentlich war das ein ganz korruptes Schwein, jedenfalls sozialistische Moral hatte der nicht. Vor den Russen hatten die Leute Angst, und von Idealen hatten sie die Schnauze voll. Na, so war das. Dann habe ich mich für Politik lange nicht interessiert. Aber was mich immer so angekotzt hat, waren die Leute. Diese Brigade- und FDGB-Versammlungen, die eigentlich völlig ohne Inhalt waren und für die Leute nichts brachten, aber abgehandelt werden mußten. Das haben die sich einfach alles so bieten lassen. Ne Stunde lang Parolen vorsagen lassen, und wenn sie dran waren, z. B. Zeitungsschau, selber den gleichen Mist flöten, ohne dran zu glauben. Als meine Tochter zur Schule kam, da mußte ich mich auch wieder stärker damit auseinandersetzen: Du darfst in der Schule nicht sagen, daß wir zu Hause Westen sehen, und du mußt nicht alles sagen, was du zu Hause hörst. Das war schon ein Konflikt für mich.
*Warum bist du eigentlich nicht in den Westen gegangen?*
Nicht, weil ich dachte, daß dort alles nicht in Ordnung sei, nein, meine persönlichen Dinge waren einfach so. Da hatte ich keine Kraft, mich in so eine neue Situation zu bringen, ich habe immer nur versucht, den Kopf über Wasser zu

halten, den nächsten Tag . . . Du weißt, wie die Situation für Frauen hier ist. Du wirst ja als alleinstehende Frau nicht unterstützt. Und ich habe das wirklich bis zum Ende durcherlebt, weil ich ja auch keine Verwandte hatte, weder einen Mann noch ein festes Verhältnis, die mich unterstützt hätten. Ich hatte keine Eltern, ich hatte überhaupt nichts. Ich habe nur von dem, was ich verdient habe und was ich als alleinstehende Mutter vom Staat gekriegt habe, mein Kind ernähren können. Und das war unter aller Würde. Ich habe 360,– Mark verdient als Sachbearbeiterin. Und als der Vater meines Kindes bei der Armee war, habe ich 40,– Mark Alimente bekommen. Als er selber verdient hat, da habe ich 60,– Mark gekriegt. Das höchste, was ich jemals bekommen habe, waren 80,– Mark. So, und davon ein Kind großzuziehen ist nicht so einfach. Ich bin ja auch oft krank gewesen.

*Hast du das Gefühl, in besonderer Weise gefördert worden zu sein?*

Also, weder als Frau noch als Mutter. Im Prinzip habe ich immer das Gefühl gehabt, im Stich gelassen worden zu sein. Im Gegenteil, eher noch bestraft zu werden. Da gab es die Kampagne – es gab ja immerzu Kampagnen, daß die berufstätige Mutter weiterarbeiten und ihr Kind auf eine Krankenstation bringen kann, das war so Ende der sechziger Jahre. Da kam dieser Vorschlag vom Betrieb. Also ich sollte mein krankes Kind nicht betreuen dürfen, das fand ich sehr schlimm. Überhaupt, daß man dieser Situation ausgesetzt war. Daß man sich gegen seinen Abteilungsleiter wehren mußte, denn der war natürlich nicht erfreut, wenn man sich geweigert hat. Also immer zwischen Anpassung und Rebellion. Das hatte natürlich mit dem Politischen zu tun, immer diese Kampagnen. Jetzt sollen die Kinderkrippen wieder abgeschafft werden. Das heißt, daß die Frauen drei Jahre zu Hause bleiben müssen. Immer werden die Frauen nur benutzt, damals mußten sie arbeiten, heute wieder das Gegenteil. – Na, ich will noch mal von den Frauen wegkommen. Damals hat man ja mit dem Aufbau des Sozialismus alle bürgerlichen Werte kaputtgemacht. Und man hat es nicht geschafft, etwas dagegen zu setzen. Man hat zwar so ein paar Dinger verinnerlichen wollen, aber die sind überhaupt nicht angekommen, weil sie inhaltlos waren. Das merkst du jetzt an der Bevölkerung. Die haben keine sozialistische Moral, die haben keine bürgerliche, die haben überhaupt keine Moral mehr. Der menschliche Umgang ... da ist alles weg, ist nichts mehr da.

*Trifft das auch auf die Arbeitskollegen zu?*

Ja, das ist genau das gleiche. Obwohl ich glaube, privat ist alles noch schlimmer, z.B. das Verhalten zu den Frauen. Die sollen ja ihren Mann stehen. Also: sie will emanzipiert sein, soll sie sehen, wie sie klar kommt. Das siehst du ja schon beim Einsteigen in die Straßenbahn. Recht hat der Stärkere. Das ist ein sehr großer Verlust, den wir noch gar nicht richtig wissen. Der kommt erst richtig mit der nächsten Generation, gepaart mit der Hilflosigkeit. Die haben doch gar kein Ideal mehr. Die hängen doch total in der Luft, das siehst du ihnen doch an. Ich hatte ja in meiner Jugend fast noch eine Chance, daran zu glauben, das ist der nächsten Generation doch gar nicht mehr möglich. Also, das wird nur schlechter. Aber deshalb gucken ja so viele mit so einer Sehnsucht nach der Sowjetunion, weil sie sich nicht vorstellen können, was sonst noch möglich wäre. Die wollen was Sinnvolles, daß sie gebraucht werden. Und das ist natürlich schwer, wenn du nach 40 Jahren DDR selber in den Vierzigern bist, wo du sowieso vor dem Problem stehst, so, was ist nun eigentlich? Ich müßte eigentlich mit dem, was ich aus mir gemacht habe, auch was anfangen für die Zukunft, für die zweite Hälfte meines Lebens. Jetzt müßte alles kompakt da sein, und ich müßte es anwenden können. So, aber nun stehst du da. Und wenn das auf dein ganzes

Land zutrifft, na, da finde dich mal zurecht. Das ist eigentlich mein Problem. Ich hab mir wahrscheinlich ne Moral zurechtgeschustert, so zwischen den Dingen.

*Wie sieht denn die Moral aus?*

Kann ich nicht so sagen ... Du kannst ja Sachen nicht richtig finden, aber deshalb müssen sie nicht falsch sein. Du mußt irgendwie eine Wertigkeit für die Dinge finden. Und ich habe mich soweit mit den Dingen auseinandergesetzt, daß ich eine eigene Wertigkeit gefunden habe. Hab viel gelesen, hab mich viel unterhalten. Und nach den Werten versuch ich zu leben, auch zu handeln. Da sind bestimmt auch ein paar sozialistische dabei. Die Ideale sind ja ganz gut. Ich versuche ehrlich zu sein. Was ich auf gar keinen Fall will, ist mich anpassen, mich benutzen lassen. Du hast mich gefragt, warum ich nicht rübergegangen bin damals. Da stand das Problem nicht, das würde eher jetzt stehen. Eventuell. Aber ich denke nicht, daß ich es tun werde. Ich glaube, ich würde auch drüben so über die Dinge nachdenken. Und würde zu ähnlichen Schlüssen kommen. Deshalb muß ich eben hier sehen, was ich machen kann. Vielleicht ist das hier einfacher, weil du hier schneller ablehnen kannst, die Mechanismen einfacher sind. Gut und böse sind hier eindeutiger. Ich hab auch hier die Möglichkeit gefunden, wo ich mich einsetzen kann, in meinem Privatleben, auf der Arbeit. Da kann ich das, was ich in meiner Kindheit gelernt habe, umsetzen. Die bürgerlichen Werte von zu Hause und was ich in der Schule über Faschismus gelernt habe. Ich bin neugierig und will wissen, und das ist mir damals in der Schule vermittelt worden.

*Hast du eine Vorstellung, wie sich das Leben in der DDR entwickeln wird?*

Entwickeln wird oder entwickeln sollte?

*Beides. Deinen Wunsch und deine Prognose.*

Na, vielleicht wie in der Sowjetunion. Mir gefällt es ganz gut, daß die Leute angesprochen werden, daß sie mündig

gemacht werden, daß sie wirklich Bürger werden, die man braucht, weil man gemeinsam was tun will. Also das würde ich ganz toll filnden. Das hat so was von den israelischen Kibuzzim, das ist immer schön. So einen Traum eigentlich, den würde ich gerne mitträumen. Aber wie gesagt, da kommt bei mir schon wieder von hinten . . . das ist nur eine wirtschaftliche Problematik, und wenn es wirtschaftlich stimmt, dann ist das auch erledigt. Bei uns kann man das nicht machen. Wir haben eine andere Geschichte. Ich kann mir nicht vorstellen, was bei uns passiert. Wenn ich diese Sturheit sehe, diese Borniertheit, das ist ja schon nicht mehr feierlich. Die leben doch nur noch ihre Ängste aus. Und die nächsten, die rankommen – meiner Ansicht nach wollen die doch auch nicht die Bevölkerung einbeziehen, die wollen nur die Wirtschaft retten. Das wird mehr ein Ungarn-Projekt werden. Und da, denke ich, bleibt der Mensch auch auf der Strecke. Alles nur wirtschaftlich. Immer noch Walter Ulbrichts Einholen ohne Überholen.
*Diesmal wird aber doch eingeholt.*
Ja genau, ich glaube, der Sozialismus hat verspielt. Das kann vielleicht nur von der kapitalistischen Seite kommen, und da weiß ich zu wenig. Für mich ist schon erschreckend, wenn man bei uns plötzlich hört, so schlecht ist ja der Kapitalismus nicht und er ist ja erstaunlicherweise wandlungsfähig . . .

Wir wissen selbstverständlich, daß die Herausbildung der Sozialistischen Menschengemeinschaft in der Periode des Übergangs zur vollendeten sozialistischen Gesellschaft ein komplizierter und vielschichtiger Prozeß ist, in dessen Verlauf die Überreste des Alten im Denken, Fühlen und Handeln der Menschen durch die Erziehung und Selbsterziehung der Menschen überwunden werden müssen. Die Sozialistische Menschengemeinschaft, die wir Schritt um Schritt verwirklichen, geht weit über das alte humanistische Ideal hinaus. Sie bedeutet nicht nur Hilfsbereitschaft, Güte, Brüderlichkeit, Liebe zu den Mitmenschen. Sie umfaßt sowohl die Entwicklung der einzelnen zu sozialistischen Persönlichkeiten als auch der vielen zur sozialistischen Gemeinschaft im Prozeß der gemeinsamen Arbeit, des Lernens, der Teilnahme an der Planung und Leitung der gesellschaftlichen Entwicklung, besonders auch in der Arbeit der Nationalen Front und an einem vielfältigen, inhaltsreichen und kulturvollen Leben.

In den vergangenen Jahren haben sich in den Brigaden der sozialistischen Arbeit, in den Hausgemeinschaften und bei der Entwicklung der sozialistischen Demokratie viele Elemente der sozialistischen Menschengemeinschaft herausgebildet. Die Grundsätze der sozialistischen Moral üben zunehmend Einfluß auf das Zusammenleben der Bürger der Deutschen Demokratischen Republik aus. In der Welt hat sich herumgesprochen, daß das »deutsche Wunder«, das sich in unserer Republik ereignet hat, nicht einfach ein »Wirtschaftswunder« ist, sondern vor allem in der großen Wandlung der Menschen besteht.

Aus Walter Ulbrichts Definition der »Sozialistischen Menschengemeinschaft«, 22. März 1969

## Georg, 42 Jahre, Berlin

*G. wurde 1947 geboren und stammt aus einer sächsischen Pfarrerfamilie mit vielen Kindern. Nach Abitur und Architekturstudium begann er als Architekt zu arbeiten. Seit vielen Jahren entwirft er Gesundheits- und Sozialbauten, heute als kirchlicher Mitarbeiter. Er ist verheiratet und hat zwei kleine Kinder, dazu zwei größere aus erster Ehe.*

*Du bist ja fast gleichaltrig mit der DDR. Was bedeutet es, das ganze Leben in diesem Staat zugebracht zu haben? Dabei hast du ja nicht vergessen, daß darum herum etwas ist und vorher etwas war.*

Na ja, es ist ja nicht die ganze Lebenszeit, die man als Erfahrungszeit ansetzen kann. Vielleicht ab der fünften, sechsten Klasse. Also, ich erinnere mich noch sehr deutlich, als ich das erste Mal geheiratet habe, daß ich stolz darauf war, eine Geburtsurkunde zu haben, auf der »DDR« nicht draufstand. Und ich ärgere mich furchtbar, daß ich die nicht mehr habe. Ich empfand mich als jemand, der sozusagen in einer Zwischenzeit geboren ist. Ich bin dann gewissermaßen in die DDR eingemeindet worden. Ab wann ist es mir überhaupt bewußt geworden, daß ich in der DDR lebe, sozusagen als eine besondere Sache? Konfrontiert wurde ich damit nur bei dem Gedanken, daß man auch mal raus wollte – Verwandte besuchen war ja damals noch möglich. Da habe ich als Kind erfahren, daß die DDR eine Realität ist. Vorher lebte man im Familienverband, und da spielt Staatswesen keine Rolle. Konfrontation mit dem Staatswesen als solches begann damit, daß ich eben mitbekommen habe, meine Geschwister sattelten ihre Fahrräder und fuhren eben zum Bodensee und nach Hamburg und wieder zurück, und als ich das machen wollte, ging's nicht. Da merkte ich, daß ich eben Bürger eines Staates bin. Das war dann nach 61. Ansonsten ist es das Problem, daß meine

Identifikation mit diesem Land und mit diesem Staat nicht vollkommen ist, auch jetzt noch nicht vollkommen ist.

*Hattest du also von Anfang an, bewußt oder unbewußt, jedenfalls ein gebrochenes Verhältnis zur DDR?*

Ja, aber es ist eben auch eine bestimmte Sehnsucht darin, so etwas mal auszusprechen: das ist mein Land, hier bin ich, das schätze ich. Der Wunsch, der ist irgendwie dagewesen, ziemlich deutlich ... aber ich bin mehr in dem Bewußtsein aufgewachsen, daß ich in einem geteilten Land lebe. Durch die Eltern ist das ziemlich deutlich vermittelt worden.

*Wenn jetzt dieses Bedürfnis nach Identifikation noch nicht befriedigt ist und nach wie vor besteht, mit der DDR ...*

Na, mit einem geographischen Ort, und das ist nun eben dieses Land. Das ist ja das Verrückte, vielleicht ist das ein Stückchen Idealismus, der in einem drinsteckt, daß man sich gerne beheimatet fühlen will an einem Ort, und das Beheimatetsein erstreckt sich eben auch auf die Gemeinschaft, in der man lebt. Das ist ja ein bißchen mehr als nur die Familie oder nur der Arbeitskreis, das ist auch der Wunsch, in einem Gemeinwesen zu leben, wo man Freude hat an Musik, an Kultur, an Literatur und all diesen Dingen.

*... und also auch den Wurzeln dazu, die da eine Rolle spielen ...*

Also, die Frage nach dem gesellschaftlichen Ort hat immer eine Rolle gespielt, auch durch die Eltern. Die Großeltern mütterlicherseits und ihre Vorfahren hatten schon immer so eine soziale Ader – sozialistische Ader fast – und mein Vater hat sich auch immer für ein sozial orientiertes System interessiert. Da waren die Erwartungen und Hoffnungen an die DDR immer groß.

*Und bei dir dann auch?*

Bei mir auch. Das macht sich jetzt noch bemerkbar bei der Frage: bleiben oder nicht bleiben? Es ist in einen eingepflanzt, daß man hier geboren ist und hier eben auch eine Aufgabe hat. Die Aufgabe ist sozial formuliert, sie ist so formuliert, daß es eine Aufgabe an Menschen mit Menschen zusammen ist.

*Aber diese Aufgabe läßt sich doch wahrscheinlich eher theologisch ableiten als politisch. Die würde überall sonst auch so heißen können.*

Ja, aber das ist ein Grenzbereich. Warum nur theologisch? Eher theologisch, von der Tradition her. Aber das war das Besondere eben, was mein Vater da spürte, daß die Theologie mit soziologischen Aspekten kooperieren muß. Sonst hat sie nichts.

*Du bringst jetzt so unterschwellig den Vergleich mit anderen, wenn du sagst »hierbleiben oder nicht hierbleiben«, den Vergleich mit der Bundesrepublik vermutlich. Wie weit spielt der bei dieser Motivation eine Rolle? Es ist doch ein Unterschied, ob man etwas im Vergleich besser findet oder ob man sich zu etwas bekennt, ungeachtet dessen, was darum herum ist, weil man eben dort herkommt!*

Also, der direkte, unmittelbare Vergleich war ja nie gegeben. Es ging ja nicht. Ich hatte ihn nicht. Also, wenn ich irgendwas vergleichen konnte, dann war es eine bestimmte Vorstellung, die mir vermittelt worden ist, von einem Staatswesen, einem Gemeinwesen. Und ob diese Vermittlung identisch ist mit dem, was wir heute Westdeutschland nennen, das wage ich zu bezweifeln. Die Vorstellung war die, wie soll man sagen, eines sozialistisch-christlich orientierten Gemeinwesens. Das ist vermittelt worden. Da hab ich immer Defizite gefunden, die mich auch belasten. Defizite in der Weise, daß ich immer meinte, die Voraussetzungen dieses Staates müßten mehr Effekte auslösen könen. Gemeinsamer Besitz an Grundmitteln – daß sich vielleicht auch eine andere gesellschaftliche Beziehung unter den Leuten entwickeln würde. Das merk ich, daß das nicht eingetreten ist. Ich merke auch das, was Außenstehende sagen – Solidargemeinschaft in der DDR, das ist auch nur sehr begrenzt.

*Das könnte ja auch mit einer größeren Langsamkeit der Entwicklung zu tun haben, als man zunächst sich gewünscht hätte. Das wäre ja noch etwas anderes als die Feststellung der Unmöglichkeit oder dessen, daß es so nicht geht, wie es hier versucht wird.*

Ja, das, was mir vermittelt worden ist, das muß ich ganz ehrlich sagen, das bewegt sich auf einem Gebiet, wo die materiellen Voraussetzungen dazu nicht befragt gewesen sind. Nie befragt gewesen sind! Sondern es reicht, wenn man den gemeinsamen Wunsch hat, zusammen zu sein. Das müßte reichen. Das ist eben auch ein bißchen christlich motiviert. Das ist auch sicher ganz in Ordnung, aber es vernachlässigt einfach, daß es eine Sphäre gibt, wo ganz harte Voraussetzungen da sein müssen, damit ein Gemeinwesen funktionieren kann. Es ist nicht nur eine Frage des guten Willens, sondern es ist am Ende auch eine Frage der materiellen Grundlage. Und offensichtlich hat's da immer gehapert. Am Anfang nicht, in der Aufbruchstimmung, wo die Leute aus dem Krieg zurückgekommen sind und man sich in einer Notsituation befunden hat, da war eine größere Bereitschaft da, sich einzubringen in diese Dinge, und es sind auch mehr Werte entstanden. Es sind wirklich mehr Werte entstanden, finde ich. Im Vergleich zu den Möglichkeiten, die wir heute haben, sind sicher mehr Werte entstanden.

*Gilt das auch für dein eigenes Engagement, diese Desillusionierung? Wirkt die sich darauf aus?*

Sie hat sich insofern ausgewirkt, als ich bei der Beurteilung von Einsatzbereitschaft und Freude doch etwas zurückhaltender bin als früher. Man kann eben, wenn man älter als 40 Jahre ist, sagen, daß man ein Stück Erfahrung hat, was man mit 20 Jahren einfach nicht überblicken kann. Insofern hat sich das Engagement schon verändert. Es ist ruhiger.

*Geduldiger? Oder geringer?*

Ich würde schon sagen geduldiger. Geduldiger, weil ich eigentlich keine hoffnungslose Situation sehe. Das heißt, bestimmte Prozesse muß man einfach auch reifen sehen lernen, und das, was man vielleicht vorher mit Aktivismus bewegt, das könnte vielleicht auch bloß andere Leute verführen. Also, man muß es wirklich ganz persönlich durchleben. Und von daher ist also dieses Engagement sehr auf mich persönlich bezogen, weniger auf andere.

*Hast du mal mit dem Gedanken gespielt, dich konkret politisch zu engagieren, beispielsweise einer Partei beizutreten?*

Ja. Das liegt aber schon ein bißchen länger zurück. Das ist ähnlich wie mit den Pionieren und der FDJ – ich war nie drin –: man könnte eigentlich aus der Sache mehr machen. Dann müßte man aber dabei sein. Und dieser Gedanke: dabei sein und von innen her Impulse geben – das hat mich sehr beeindruckt, als ich als junger Mensch den »Stellvertreter« von Hochhuth gelesen hatte, wo man das so vorgeführt bekam, in die Partei einzutreten, um die Partei von innen heraus zu reformieren. Es hat auch zwei, drei Situationen gegeben, wo ich durchaus fast schon dran war, in die CDU zu gehen. Ich hatte damals auch wirklich gemeint, man könne als Christ dort in der CDU noch eher etwas erreichen als irgendwo anders. Bei der SED war mir klar, daß das mit dem christlichen Bekenntnis schlecht vereinbar ist. Vorstellbar wäre für mich, in einer sozialdemokratischen Partei mitzuwirken, da wird von mir aber auch nicht so eine weltanschauliche Distanzierung gefordert. Aber der Gedanke, in der CDU mitzuwirken, der ist einfach an dem Modell oder an der Praxis dieser Partei gescheitert. Ich hab das so oft erlebt, daß zu wenig Eigenständigkeit da war. Ich habe im Beirat der Albrechtsburg in Meißen mitgewirkt. Und dort waren es kommunale Anliegen – wie man den Weg zur Burg befestigen könne oder wo Gelder umgelenkt werden müssen, damit sie dorthin kommen. Aus dem

Führungsbetrieb waren bestimmte Einnahmen da und die hätten also über einen Beschluß des Rates des Kreises vielleicht freigemacht werden können. Und dort hat es Kontakte meinerseits gegeben mit Vertretern dieser Partei. Und es war zu erkennen, daß sie eben nicht eigenständig handeln, sondern sie sind bereit, mit andern was zu machen. Aber eine Initiative zu ergreifen, das war damals offensichtlich nicht möglich. Vielleicht ist das heute denkbar, aber das habe ich so nicht erlebt. Ich kann mich erinnern an die Probleme mit dem Abriß der Universitätskirche in Leipzig, wo eben die christlich normierte Partei sich nicht in der Lage gesehen hat, eine andere Meinungsbildung zu betreiben. Oder eine andere Meinung in ganz überprüfbarem Bereich durchzusetzen. Und gerade das Problem, das ist es, was mich immer abgehalten hat davon. Wenn ich mich politisch in dieser Weise betätige, bin ich genötigt, bestimmte Spielregeln zu berücksichtigen, bin genötigt zu taktieren. Das war mir immer etwas suspekt. Heute weiß ich, als Politiker muß man Kompromisse schließen, sonst geht's gar nicht. Das ist auch ein Stückchen Zuwachs an Erfahrung. Nur, daß ich in der jetzigen DDR eigentlich auch keine Möglichkeit sehe, mich da in diesem vorgegebenen Rahmen politisch zu betätigen.

*Deine Kritik an der CDU habe ich so verstanden, daß sie nicht ausreichend christlich motiviert handle.*

Nein, das nicht. Sie handelt nicht als eine politische Partei, nicht einmal als eine Interessenvertretung von christlich orientierten Bürgern. Das ist das Problem. Also, politisch Handeln heißt ja nicht irgendeine Geheimdiplomatie betreiben, sondern heißt um Argumente kämpfen, sie verbreiten, zu einer Mehrheit am Ende führen. Da kenne ich überhaupt gar keine Partei in diesem Land, die das so macht – der ich mich anschließen könnte.

*Also diese Form von Gemeinsamkeit und Solidaritätsgefühl, sozialen Bezügen, wie du sie vorhin angedeutet hast, das*

*wäre so etwas, wenn es tatsächlich erkennbar gefördert*
*würde durch eine Partei, dem du dich dann anschließen*
*könntest?*

Ja. Das ist aber schon eine inhaltliche Frage, es käme auch
die andere dazu: nach welchen Methoden würde so eine
Partei arbeiten? Wie stellt sie sich dar und wie ringt sie um
eine Mehrheit? Ich habe den Eindruck, daß durch diesen
Proporz, der eben einfach festgesetzt ist, keine Argumenta-
tionen gegeneinander ausgetauscht werden. Also das parla-
mentarische System als solches ist so nicht praktizierbar.

*Nun bist du zwar nicht in einer politischen Partei, aber doch*
*durchaus gesellschaftlich engagiert in mehrerer Hinsicht,*
*also einmal als Gemeindekirchenratsmitglied, das ist ja auch*
*so was, und dann außerdem auch als Berufstätiger.*

Ja klar, die tägliche Arbeit ist da mit einzubeziehen.

*Ist es das, worauf du dich jetzt konzentrierst, weil du dort am*
*ehesten meinst, dich einbringen zu können?*

Nein, also das würde ich schon auseinanderhalten. Ein
Verlegen der gesellschaftlichen oder politischen Aktivitäten in den Raum der Kirche, um dort mehr zu bewirken, das
möchte ich nicht machen, sondern die Aufgaben, die dort
gegeben sind, sind ja auch vorgegebener Natur. Natürlich,
die Aufgaben, die ich dort wahrnehme, nehme ich auch als
Bürger wahr, das ist richtig. Von dort aus gibt es die Probleme von Solidarität, von Verdeutlichung, Gesprächsbereit-
schaft anbieten und all diese Dinge – da bin ich natürlich
sehr engagiert, das durchzusetzen und möglich zu machen.
Und da habe ich in der Gemeinde und in dem zur Zeit
existierenden Gemeindekirchenrat auch durchaus Hintergrund und Verständnis. Aber das ist nicht im Sinne einer
öffentlichen politischen Aktivität, sondern das ist das, was
ich mit meinem Christsein verbinden muß, weil mich ein
paar Leute aus der Gemeinde für diese Aufgabe ja bestimmt haben. Das läßt sich nicht so fein säuberlich auseinanderhalten. Vernünftiger wäre es, wenn ich mich in

einer öffentlichen Einrichtung betätigen würde, also ein öffentliches Amt annehmen würde.

*Würde oder könnte?*

Würde! Ich hab's ja gar nicht probiert, ob ich's könnte! Als ich jetzt mal bei so einer Gerichtsverhandlung als Zeuge dabeigewesen bin, da saßen mir ja auch Schöffen gegenüber, das sind Leute, die ja auch einen Auftrag ausführen. Es wäre durchaus denkbar, daß ich auch so was mache. Aber die Kanäle, wie komme ich zu so einem Amt, die sind für mich jedenfalls nicht durchschaubar. Und ich könnte mir auch genausogut vorstellen, daß ich in einer Stadtverordnetenversammlung mit drin säße. Das wäre viel gescheiter, weil es vielleicht effektiver ist, sich dort zu engagieren.

*Gescheiter als Gemeindekirchenrat? Kann man das denn so gegeneinander setzen?*

Na für die Öffentlichkeit schon. Es könnte ja durchaus beides möglich sein. Von der beruflichen Seite her gesehen ist es ja tatsächlich so, daß der Beruf des Architekten so breit angelegt ist, daß er eigentlich immer im Blick der Öffentlichkeit ist und für die Öffentlichkeit immer zuständig ist. Von daher gäbe es eigentlich genug Ansatzpunkte, wo man mitarbeiten kann in einem gewählten Gremium. Zum Beispiel als Architekt oder als jemand, der zuständig ist für Stadthygiene, öffentliches Bauen, Umgang mit gemeinschaftlichem Eigentum. Also, wenn ich jetzt zum Beispiel in einem gewählten Gremium wäre, würde ich mit Sicherheit nachfragen, warum das Kleinmosaik unter der U-Bahn-Trasse in der Schönhauser Allee gegen diese Betonsteine ausgewechselt wird. Das wäre ein Gegenstand dann vielleicht auch einer öffentlichen Auseinandersetzung, was es jetzt eben nicht ist. Das wird einfach geändert, und man fragt sich, wozu ein funktionsfähiger Organismus ausgetauscht wird.

*Deine Erfahrung im Beruf ist ja auch ein bißchen älter. Du bist ja nicht von vornherein zum Diakonischen Werk gekom-*

*men, wo du Behinderten- oder Altenpflegeheime machst. Auch im Sinne von Öffentlichkeit hast du ja schon andere Erfahrungen vorher gemacht. Mit welchem Anspruch bist du denn da rangegangen?*

Also, der Anfang war so kalkuliert von mir, daß ich mir sagte: nach der Hochschule müsse man sich noch ein bißchen vertiefen, und dieses Vertiefen, das sollte in Berlin stattfinden, weil dort das meiste gebaut würde. Wenn die Vertiefung abgeschlossen ist, dann zurück in die Heimat, also nach Meißen, um dort dann im Stadtbauamt zu arbeiten. Also das war ein Konzept von mir. Das Konzept ist nicht aufgegangen, weil ich dann hier hängengeblieben bin. Aber ich habe mal einen Versuch gemacht, von der Bauakademie weg ins Stadtbauamt nach Meißen zu gehen. Und das ist eindeutig hintertrieben worden. Ich hatte eine sehr positive Befürwortung vom Direktor unserer Abteilung bekommen, es hatten auch schon persönliche Gespräche mit dem Bürgermeister von Meißen stattgefunden, der sich eigentlich auch positiv gestellt hatte, und dann kam ein Brief, in dem gesagt wurde: »Wir können Sie nicht einstellen.« Punkt. Und damit war der Weg, so wie ich ihn mir damals gedacht hatte, beendet. Das war 75.

*Nun nochmal zurück zur DDR und ihrer und deiner Geschichte! Die bauliche Umwelt ist ja auch ein Ergebnis schon dieser Entwicklung, und auch dein Verhältnis dazu ist ein Ergebnis dieser Entwicklung. Vierzig Jahre, das ist ja schon ein Zeitraum, in dem man für sich selber – und auch für einen Staat kann man das annehmen – so was wie ein gewisses Resümee zieht. Und eigentlich auch Schlußfolgerungen ziehen müßte! Wie würdest du dir vorstellen, daß man einen solchen Anlaß begehen sollte?*

Vierzig Jahre ist fast eine biblische Zahl . . . Vierzig Jahre sind eigentlich keine Anlässe zum Jubeln, sondern in der Regel immer Anlässe zu einer Bestandsaufnahme, weil vierzig Jahre die Ablösung auch einer Generation sind. Und von daher geht es nach meiner Empfindung nicht um vordergründiges Jubeln, das geht einfach nicht, sondern da ist spätestens dann der Zeitpunkt, eine Abrechnung zu machen. Insofern ist es ein ernster Termin. Und da müßte ich sagen, daß die Erwartung der Gründergeneration nach dem Krieg, die die DDR mitgetragen hat, sich nur sehr begrenzt erfüllt hat.

*Und deine?*

Meine Erwartungen, die sind . . . na ja, die sind eigentlich auch auf der Strecke geblieben. Ich kann mich noch erinnern an eine Befragung anläßlich des Zustandekommens des Grundlagenvertrages zwischen der DDR und der Bundesrepublik, wo ich danach gefragt worden bin, was ich mir davon verspräche. Dabei hatte ich gesagt, das Allerwichtigste ist der freie Austausch von Informationen. Und das ist nicht eingetreten. Es ist einfach nicht möglich, einen ungehinderten Zugang zu Erkenntnissen zu gewinnen. Also, dort liegt eine ganz entscheidende Enttäuschung. Und die andere Enttäuschung ist die, daß jetzt immer deutlicher wird, daß der Umgang mit den Ressourcen unverantwortlich ist, gewesen ist, und die Korrekturmaßnahmen, die jetzt da sind, nicht mit dem nötigen Ernst betrieben werden. Was in den letzten Jahren an Kenntnissen über Umweltbelastung da ist, ist ja so groß, und das Wissen darum, daß nach vordergründigen Gesichtspunkten mit der Natur umgegangen wird, ist immer größer geworden. Es bleibt praktisch kein Bereich mehr, von dem man nicht weiß, wie belastet er ist, und wo die Verantwortlichen immer nur dazu sagen können: »Es ist eine Frage der Zeit, dann ändert sich das vielleicht.« Die dritte Enttäuschung ist die, daß der Grundsatz, wonach es um die maximale Befriedigung der Bedürfnisse geht, philosophisch oder weltanschaulich nicht hinterfragt worden ist. Nie. Und auch heute immer noch von der offiziellen Politik her eine rein materialistische Betrachtungsweise ist, die nicht danach fragt: auf wessen Kosten kommt das zustande?

*Würdest du diese Erwartungen, deren Enttäuschung du jetzt
beschreibst, überhaupt für praktisch gerechtfertigt halten?
Wieso hast du so etwas von der DDR erwartet?*
Na, weil die DDR, weil die sozialistische Ideologie dieses
Staates immer drauf aus gewesen ist zu sagen: »Im Mittel-
punkt steht der Mensch.« Sie hat eigentlich dort an Tradi-
tionen angeknüpft, die in der Renaissance waren, wo der
Mensch Maßstab aller Dinge sein sollte. Und es stellt sich
heraus, daß im Mittelpunkt Machterhalt steht. Da verrät
der Staat seine eigenen Ideale.
*Tut das nicht jeder Staat?*
Tja, vielleicht ... Aber ich empfinde es jetzt hier in unserem Staat. Ich kann zu anderen Staaten da nichts sagen.
Das hilft mir auch im Moment nichts. Was habe ich mir als
Student noch eingebildet, wo man gesagt hat, die Eigen-
tumsfrage bei uns ist geklärt, und demzufolge sind städte-
bauliche Probleme bei uns viel einfacher lösbar als irgendwo anders. Das fand ich einen wunderbaren Ansatz, weil er
eben so sozial orientiert ist, wo man sagt: Eigentum soll
nicht etwas verhindern, sondern Eigentum soll zu etwas
fördern. Und was ist denn dabei rausgekommen? Faktisch
stimmt es, aber es hat eine Umbewertung stattgefunden,
daß das Eigentum nicht geachtet, nicht geschätzt wird.
Eigentum an Grund und Boden, oder Eigentum an Luft ...
auch städtisches Eigentum. Eine Frage, ob man die Kurve,
den Kurvenradius einer Straße verändern muß, bloß weil
dort eine Lampe steht, die ich nicht wegnehmen kann, weil
sie Privatinteressen dient, das ist nicht mehr das Problem.
Darüber hat man aber vergessen, daß es ein Problem
ist, eine Straße überhaupt zu bauen. Das ist das Ent-
täuschende.
*Ob das etwas mit Anonymität und Bindungslosigkeit zu tun
hat?*
Ja! Konnte man früher, in den Anfangsjahren der DDR,
eine bestimmte Borniertheit auch festmachen an bestimm-

ten Persönlichkeiten und sagen, das lag eben an denen, so ist es heute schon immer schwieriger, einen Verantwortlichen zu benennen. Verantwortlich sind eben immer »die da«, »die da oben« sind dafür verantwortlich. Das ist auch so ein ganz schlechtes Zeichen.

*Und du meinst, das ist wirklich so und sieht nicht nur so aus aufgrund der vielen Sachzwänge, der zunehmenden Komplexität und gegenseitigen Beeinflussung von Entscheidungen?*
Na, mittlerweile bin ich schon der Meinung, daß jeder irgendwo einen Anteil hat! Es gibt da durchaus auch ein kollektives Verantwortungsgefühl, das unterentwickelt ist. Aber am meisten belastet sind nach meiner Meinung die Leute, die über Wissen verfügen und das Wissen nicht einsetzen. Und da gibt es eben viel zu viele. Also Bildungswesen: das sind doch alles Lehrer, die über ein bestimmtes Maß an Bildung verfügen und selber feststellen, daß bestimmte Methoden ungünstig sind, und sie trotzdem weitermachen. Wider besseres Wissen! Auch persönliches besseres Wissen! Das ist schlimm.

*Hältst du es für möglich, aus dieser Situation herauszukommen? Wäre das realistisch?*
Dieses Herauskommen passiert irgendwie. Der Zustand, so wie er jetzt ist, der ist nicht auf Dauer so. Es kann wohl so nicht gehen. Es ist nur die Frage, wie eine Veränderung kommt. Äußerlich mag das an Personen hängen, an einer Überalterung. Aber es kann auch sein, daß die Isolation unseres Staates so stark ist, daß von anderen her auf Veränderung noch viel mehr gedrängt wird als von uns selbst. Ich geh davon aus, es wird eine Veränderung stattfinden. Es ist für mich bloß die Frage, wie weit die Veränderung eine produktive, also hoffnungsvolle Komponente hat oder nicht. Ist das Ergebnis dann eine totale Resignation oder läßt sich neu beginnen?

Aus dem Gesetz über die örtlichen Volksvertretungen, 12. Juli 1973

§ 3(1) Die örtlichen Volksvertretungen haben in Erfüllung des Volkswirtschaftsplanes alle territorialen Möglichkeiten und Reserven auszunutzen und für die Verbesserung der Arbeits- und Lebensbedingungen wirksam zu machen. Sie organisieren die umfassende Mitwirkung der Bürger, fördern allseitig ihre Initiative, ihren Ideenreichtum, ihr Organisationstalent und ihre hohe Einsatzbereitschaft und unterstützen den sozialistischen Wettbewerb. Dabei arbeiten sie unmittelbar mit den Gewerkschaften zusammen, stimmen wichtige Aufgaben, insbesondere des Volkswirtschaftsplanes, mit ihren Vorständen ab und informieren sie über den Stand der Durchführung der staatlichen Aufgaben. Sie wirken mit den Ausschüssen der Nationalen Front zusammen.

§ 3(2) Die örtlichen Volksvertretungen und ihre Organe gewährleisten, daß die Bürger ihre Rechte auf Mitwirkung bei der Vorbereitung und Durchführung staatlicher Aufgaben umfassend wahrnehmen können. Sie organisieren die rechtzeitige und gründliche Information der Bürger über staatliche Beschlüsse und Maßnahmen sowie den Stand ihrer Verwirklichung. Sie haben die Eingaben der Bürger, ihre Vorschläge und kritischen Hinweise unverzüglich zu bearbeiten, zu beantworten, auszuwerten und daraus für ihre Tätigkeit erforderliche Schlußfolgerungen zu ziehen.

§ 3(3) Die Volksvertretungen der Städte und Gemeinden organisieren gemeinsam mit den Ausschüssen der Nationalen Front den Wettbewerb in den Wohngebieten, Städten und Gemeinden.

## Margarethe, 84 Jahre, Halle

*M. ist 1905 in Coburg geboren. Bis 1936 leitete sie mit ihrem
Mann ein christliches Mädchenheim in Sulzbach-Rosenberg,
das dann von den Nazis aufgelöst wurde. Im gleichen Jahr
bekam ihr Mann eine Anstellung als Lehrer in Halle, und sie
zogen mit der Familie dorthin. Während der Einnahme
Halles durch die Amerikaner fiel ihr Mann in den letzten
Kriegstagen. M. hat nicht wieder geheiratet und ihre sieben
Kinder allein großgezogen.*

*Sag mal, wie siehst du eigentlich die Situation der alten
Menschen?*
Bemühungen sind da, ohne allen Zweifel. – Jeden Dienstag
besuch ich ja Tante C. im Pflegeheim. In ihrem Zimmer
liegt eine alte Frau, die stirbt schon seit acht Wochen, aber
wenn ich komm, dann strahlt sie mich an und streckt ihre
Hände aus. Da kam eine schon etwas ältere Pflegerin rein,
herrschte diese alte Frau an: Schämen Sie sich denn nicht,
Frau Schulz hat Besuch und Sie liegen hier halbnackt im
Bett! – aber in einer so häßlichen Tonart, daß ich mich
hinterher richtig geärgert habe, daß ich nichts zu ihr gesagt
habe. Das war eine schlimme Erfahrung für mich, denn das
war so eine Ältere, die auch Verständnis haben müßte. Ach,
an sich geht es den Alten in den Pflegeheimen gut, kann ich
nicht anders sagen. Aber sie sind unzufrieden ... aber die
Alten sind meist unzufrieden.
*Aber ist es nicht schrecklich, daß man als alter Mensch kein
Zimmer für sich allein hat?*
Furchtbar! Das ist mir der schlimmste Gedanke, wenn ich
kein Zimmer für mich allein haben dürfte, gerade wenn
man gern seine Ruhe hat und alt ist, braucht man sein
Zimmer. Schrecklich! – Ja, und dann die Rente. Anfangs
bekam ich 290,– Mark, dann 340,– Mark und dann stieg es
so sehr wegen der sieben Kinder, die wurden angerechnet

und jetzt bekomme ich 420,– Mark Rente. Die letzte Rentenerhöhung habe ich dem Staat zu verdanken.

*Die letzte Rentenerhöhung hast du wohl mehr deinen Kindern zu verdanken!*

Ja, stimmt eigentlich. Aber wenn man die Mindestrente hat, ist es schon hart.

*Wie hoch ist jetzt die Mindestrente?*

Weiß ich nicht so genau, ich glaube, 340,– Mark. Da kannst du dir nichts Besonderes leisten, wenn du Feuerung und Licht, Miete, das alles abziehst.

*Viele Rentner arbeiten doch noch nebenbei.*

Damit sie es ein bißchen leichter haben.

*Du blickst ja auf ein langes Leben zurück. Viel ist an dir vorbeigegangen, aber 1945, das muß ja ein großer Einschnitt in deinem Leben gewesen sein. Hast du denn damals Erwartungen gehabt, und sind sie erfüllt worden? Du mußt doch auch Erwartungen an dieses Land gehabt haben, denn alle deine Verwandten waren im Westen und du bist hier geblieben. Was würdest du denn heute deinen Enkeln raten?*

Was soll ich da sagen . . .

*Deine Söhne haben dich doch auch immer gefragt, warum du hier geblieben bist. Würdest du sagen, daß das ein Fehler gewesen ist?*

Nein, ein Fehler ist das nicht gewesen. Nur D. sieht das als Fehler an, die anderen haben das so genommen, wie es war. Was sollte auch anders sein? Mein Gott, ich bin 1945 auf Landarbeit gegangen, um meine Jungens zu ernähren. Nach der Geldabwertung war ich dann in einem volkseigenen Betrieb, erst als Stenotypistin und dann als Abteilungsleiterin der kaufmännischen Abteilung. Meine Jungens waren anfangs im Kindergarten, dann im Hort, da waren sie immer sehr gut betreut. Die Erzieherinnen haben sich immer Mühe um alles gegeben. Dann kamen sie zur Schule nach und nach. Haben immer gut gelernt, Gott sei Dank, ohne meine Hilfe, denn ich bin ja früh um halb sieben von zu

 **verlangt die arbeitende Frau ?**

Gleicher Lohn für gleiche Arbeit

Auswechslung der schweren Arbeitsplätze gegen leichtere.

Einen bezahlten Haushaltstag im Monat.

Für den Winter warme und geschützte Unterkunft auf den Baustellen.

Versorgung mit Arbeitskleidung und Schuhen.

Kindergärten und Tagesstätten.

Der Neuaufbau Deutschlands kann ohne die Frauen nicht durchgeführt werden.

Helft alle mit, die Forderungen der Frauen durchzusetzen, dann erleichtert ihr ihnen das Leben!

Die Frauen und Männer, die das erste schwere Jahr an dem Neuaufbau Berlins gearbeitet haben, sind die Kandidaten der

## SOZIALISTISCHEN EINHEITSPARTEI DEUTSCHLANDS

# ...eitlichen Preisniveau

verhältnis-
ein Ver-
aus dem
niert wird.
Rentnern
nten wer-

lichkeit des Zukaufes von Lebens-
mitteln in der HO nachläßt. Viele

Familien, die nun zwei oder vier Brote
im Monat mehr auf Karten erhalten
werden in der HO kein Brot mehr
kaufen und darum ebenfalls Geld
sparen.

## Die neue Preise für rationierte Lebensmittel

| | | | vorher | jetzt | Zum Vergleich: Westberlin vorher | jetzt |
|---|---|---|---|---|---|---|
| | | | DMark | | Westmark | |
| Schweinekotelett | . . . . | 1 kg | 2.20 | 2.75 | 2.20 | 3.26 |
| Gulasch | . . . . . . | " | 2.— | 2.50 | 2.20 | 3.60 |
| Suppenfleisch | . . . . . | " | 1.70 | 2.12 | 2.20 | 3.60 |
| Schmorfleisch | . . . . . | " | 2.20 | 2.75 | 1.70 | 3.12 |
| Butter | . . . . . . . | " | 3.60 | 4.20 | 2.20 | 3.20 |
| Margarine | . . . . . . | " | 1.96 | 2.20 | 3.60 | 5.12 |
| Schweineschmalz | . . . . | " | 2.08 | 2.60 | 1.96 | 2.44 |
| Milch | . . . . . . . | 1 Liter | —.24 | —.26 | 2.08 | 3.20 |
| Dorsch ohne Kopf | . . | 1 kg | —.80 | 1.40 | —.26 | —.36 |
| Heringe | . . . . . . | " | 1.— | 1.60 | freier Preis | |
| Zander | . . . . . . | " | 2.24 | 3.84 | | |
| Hecht I | . . . . . . | " | 2.14 | 3.14 | " | " |
| Karpfen I | . . . . . | " | 2.10 | 3.34 | " | " |
| Kohle Berlin | . . . . | 50 kg | 1.80 | 1.91 | 1.83 | 2.43 |
| Zone | . . . . . . | " | 1.70 | 1.81 | | |

Alle anderen nicht aufgeführten rationierten Lebensmittel bleiben im Preis gleich.

## Die neuen Preissenkungen in der HO

natürlich
n bereits
r Haus-
e Dring-

## norm

sgenutzt

die zu-
immten
Diskus-
es be-
le Be-
ef dar-
Genos-
se des
die von
ng der
Diskus-
für die
ofort in

ienn im
m mit

bessere
ung des
in der
s eine
m Bau
ar Pro-
wurde.
in auf
nd Ar-
n. Was
her als
et Hel-
Auf-
Ge-

| | | Preise in DM | am 15.11.48 | ab 11.7.49 | ab 31.10.49 |
|---|---|---|---|---|---|
| Weizenmehl 72 % | . . . . | 500 g | 10.— | 4.— | 3.— |
| Kartoffelmehl | . . . . | 500 g | 10.— | 2.70 | 2.70 |
| Nudeln | . . . . . . | 500 g | 11.— | 4.50 | 3.40 |
| Roggenbrot 94 % | . . . | 1000 g | — | 3.50 | 2.50 |
| Weißbrot | . . . . . | 1000 g | 10.— | 7.00 | 5.00 |
| Kuchenbrötchen | . . . | 50 g | —.80 | —.55 | —.45 |
| Butterkremtorte | . . . | 75 g | 5.— | 3.20 | 3.— |
| Schweinsohr | . . . . | 50 g | 3.— | 2.50 | 2.25 |
| Butterkeks | . . . . | 125 g | 6.— | 4.— | 3.50 |
| Zucker | . . . . . | 500 g | 16.50 | 7.50 | 6.— |
| Drops (Rolle) | . . . | 30 g | 1.30 | 1.— | —.50 |
| Fondants, ungefüllt | . . | 125 g | 5.— | 2.75 | 2.25 |
| Schokolade, Vollmilch | . | 100 g | 20.— | 9.— | 9.— |
| Marmelade | . . . . | 500 g | 17.50 | 6.25 | 6.25 |
| Kunsthonig | . . . . | 500 g | 13.— | 7.— | 5.— |
| Kirschkonserven | . . | 1 Glas | 20.— | 7.50 | 6.— |
| Schweinefleisch | . . . | 500 g | 50.— | 30.— | 23.50 |
| Huhn | . . . . . | 500 g | 35.— | 25.50 | 15.— |
| Dorsch ohne Kopf | . . | 500 g | 7.50 | 7.— | 6.— |
| Bücklinge | . . . . | 500 g | — | 10.— | 4.— |
| Bratheringe | . . . | 500 g | 15.— | 8.50 | 8.50 |
| Margarine | . . . . | 500 g | 55.— | 28.— | 18.— |
| Butter | . . . . . | 500 g | 65.— | 35.— | 30.— |
| Malzkaffee | . . . . | 500 g | — | 1.50 | —.50 |
| Bohnenkaffee | . . . | 500 g | 80.— | 40.— | 40.— |
| Pudding | . . . . . | 100 g | 2.50 | 2.— | 1.50 |
| Schnecken | . . . . | 75 g | — | 1.— | —.90 |
| Streuselkuchen | . . . | 75 g | — | 1.65 | 1.50 |
| Karamellen, ungefüllt | . | 125 g | 5.— | 2.25 | 2.— |
| gefüllt | | 125 g | 5.50 | 2.60 | 2.25 |
| Hackepeter | . . . . | 500 g | 50.— | 25.50 | 23.— |
| Schabefleisch | . . . | 500 g | 35.— | 22.50 | 20.— |
| Jagdwurst | . . . . | 500 g | 40.— | 22.— | 22.— |
| Hartwurst | . . . . | 500 g | 45.— | 28.— | 27.— |
| Käse, 10—20 % Fettgehalt | | 500 g | 40.— | 6.— | 5.— |
| Kondensierte Magermilch | . | 500 g | 7.50 | 3.— | 2.40 |
| Pflanzenöl | . . . . | 125 g | 12.50 | 7.50 | 5.50 |
| Süßstoff | . . . . | 100 St. | 3.— | —.32 | —.32 |

Neue Don
Binnen

Berlin
Weile
eigenen
burg fer
nommen Se
docks in Zeme
Reparations
Binnenschiffe
Tragfähigkeit g
eine Gesamt-
deren Hilfe die Fa
zu Wasser gelassen

**Handelsabkomme**

Prag (ADN) An
tschechoslowakischen
abkommen für d
tember 1950 un
der auszutausch
600 Millionen K
Gießereiprodukte
Maschinenteile
Leder- und Gum
land ausführen
gegen Zellulose
Maschinenteile

**Rückgang des**

Wien (ADN)
der österreichische
sich im August
monat von 159 M
lionen
Ausfall ist der
Güterverkehrs

**England durch**

Manchester
der japanischen
mungen für t
des besten Teil
Debatten
Komitee des
wolle wird
zusammenhän
nahmen
Times beton
der japanisch
nur den br
dern auch die
Maschinen
beeinträchtig

**Ruin südk**

Pjöngjang
wirtschaft k
Dürre gel
ernte nur hal
jahr, hat d
Ernte besch
nicht imstan
Sie stehen

Hause weggegangen und war um fünf zu Hause. Dann mußte ich den ganzen Haushalt machen, die Wäsche ohne Waschmaschine, na alles, was damit zusammenhing. Dann haben sie alle so nach und nach Abitur gemacht, weil sie gut gelernt haben. Dann studiert. Und ich finde es heut noch richtig, daß ich nicht weggegangen bin, obwohl ich ja meine gesamten Verwandten drüben habe.

*Ist es nicht makaber, daß du nun hier sitzt, zwei deiner Söhne im Westen mit ihren Familien, und daß sie erst herkommen konnten zur Beerdigung ihres Bruders?*

Also, das hat mich von unserem Staat sehr enttäuscht, und ich muß sagen, auch empört. Ich hab doch jetzt vor kurzem an Honecker einen Brief geschrieben, richtig flehentlich, daß er doch endlich erlauben soll, daß meine beiden Söhne, die im Westen sind, kommen dürfen. Ich kann doch jetzt nicht mehr fahren. Nein! Ich hab eine ganz kaltschnäuzige Ablehnung bekommen.

*Aber es ist doch etwas passiert, sonst wären sie doch nicht im Westen?*

Na, der K. hat mal am Telefon geschimpft. Staatsverleumdung, kam ein halbes Jahr ins Gefängnis, wurde dann in den Westen entlassen und die Frau und die fünf Kinder durften nachkommen. Das war der K. Und der P. war Mediziner und Dozent an der Universität. Er bekam eines Tages, das war 1983, Vorlesungsverbot – er hat was gegen die Raketen gesagt. Daraufhin hat er einen Ausreiseantrag gestellt. Er ist ja auch schon fünf Jahre weg, beim K. sind's ja schon zwölf Jahre.

*Ich möchte noch etwas von der frühen Entwicklung hier wissen. Ich habe in alten Zeitungen geblättert, da gab es gute Gedanken. Viel Toleranz, wenn ich an ein Dokument von 46 denke, in dem das Verhältnis von Kommunisten und Christen festgelegt wurde. Das ist doch dann alles zerbröckelt, wenn ich vor allem an die fünfziger Jahre denke. Diese Gemeinsamkeit aller demokratischen und antifaschistischen*

*Kräfte ging doch kaputt. Damit sind doch auch Erwartungen und Ziele kaputtgegangen.*

Viele, ja. Ganz viele. Der R. ist ja auch Ende der fünfziger Jahre exmatrikuliert worden, weil er die Fotos der Leute vom 20. Juli in seinem Schrank hängen hatte. Dann hat er ja bei der Reichsbahn gearbeitet und sich sein Studium – er hat dann Theologie studiert – selbst finanziert. Ich konnte den Jungen kein Geld geben. Was ich verdient habe! Zuerst 290,– Mark, dann immer ein bißchen höher gestockt, und dann als Abteilungsleiterin habe ich 520,– Mark verdient.

*Hast du eigentlich das Gefühl gehabt, daß du als Frau besonders unterstützt worden bist?*

Überhaupt nicht, überhaupt nicht! Das war auch eine meiner ersten großen Enttäuschungen, daß überhaupt keine Rücksicht genommen wurde, daß ich daheim sieben Kinder hatte. Wie dann meine beiden Ältesten 18 Jahre waren, da bekam ich ja nicht mal mehr einen Haushaltstag.

*Warum denn nicht?*

Im einzelnen weiß ich das auch nicht mehr. Ich weiß nur noch, ich hatte keinen mehr. Und ich habe gekämpft und gekämpft. Ich glaube, weil ich dann nur noch fünf Söhne hatte oder weil die beiden schon erwachsen waren. Das war ja dann auch eine Enttäuschung, als der E. und der K. bei den Bausoldaten waren – die haben ja den Haushalt schon mitfinanziert –, daß ich keinen Pfennig bekam. Ich habe mich so bemüht, aber ich habe nichts bekommen. Also gefördert worden bin ich nicht. Abteilungsleiterin wollte ich ja gar nicht werden, weil mich das viel zu sehr belastet hat. Aber sie hatten keinen anderen.

*Als 1961 die Mauer gebaut wurde, hast du da eigentlich Verständnis dafür gehabt? Ich war ja sehr jung und habe gedacht, jetzt wird der Sozialismus aufgebaut.*

Das habe ich auch gedacht. Ich war ja drüben zur Zeit des Mauerbaus bei meiner Schwester. Und hab gedacht, wenn da eine Mauer ist, dann wird's vielleicht bei uns normal.

Aber es wurde ja immer schlimmer, immer schlimmer in allem. Ich war immer froh, daß die Jugend nicht rüber konnte, nicht nach dem Westen fahren konnte, weil ich gedacht habe, daß es besser ist, wenn sie nicht sehen, was drüben möglich ist – abgesehen vom Essen –, was bei uns nicht möglich ist. – Warum lachst du denn?

*Na, dasselbe wird wohl auch Walter Ulbricht gedacht haben: Das darf die Jugend nicht sehen, was alles möglich ist. Insofern hast du ja die Staatspolitik treu unterstützt.*

Ja, genau . . . – Weißt du, ich kann einfach nicht verstehen, daß sie einer 84jährigen Frau einfach so schreiben, daß es richtig ist, daß ihre Söhne nicht kommen können. Und Begründung nach § so und so muß nicht gegeben werden. Ist doch eigentlich entsetzlich, da krank ich immer noch dran. Und hab in Gedanken schon hundert Drohbriefe geschrieben. Ist es nicht schrecklich, daß die beiden nicht kommen dürfen? Da muß erst einer sterben, damit sie für ein paar Tage kommen durften. Ist doch grausam für eine Mutter. Wird natürlich unser Staat sagen: Sei dankbar, daß sie überhaupt kommen durften.

*Indirekt wird dir doch damit gesagt: Geh doch zu ihnen hin!*

Ja, das will ich nicht. Ich bin hier und bleibe hier. Die hiesigen Enkelkinder könnten mich ja auch drüben nicht besuchen. Aber man hat ja immer gehofft und gehofft, daß das anders werden würde. Ich durfte ja dann auch Jahre nicht nach drüben zu meinen Verwandten fahren. Und die nicht hierher. Das war für mich alles sehr schwer . . . Der R. hat ja gekämpft. Wenn er irgendeine Ungerechtigkeit sah, dann ist er dagegen angegangen.

*Obwohl du ja nur deine Kinder großziehen wolltest, kam doch die Politik in dein Leben. Viele Probleme mit ihnen – außer Masern und Kinderkriegen – kamen doch durch die Politik?*

Ja, natürlich. Klar. Ich mußte ja auch kämpfen, daß die Jungen zum Studium zugelassen wurden. So glatt ging das ja nicht. Aber heute wär das ja gar nicht mehr möglich. Meine Enkel kommen ja trotz guter Leistungen nicht zur Oberschule, also EOS.

*Weißt du, ich würde gern erfahren, was du nach so einem langen Leben mit wechselnden politischen Verhältnissen – Kaiser, Weimarer Republik, Hitler, DDR – überhaupt von Politik hältst?*

Ich muß sagen, ich war immer sehr unpolitisch. Sehr. Ist sicher nicht richtig, aber ich muß sagen, von Politik habe ich nie was gewollt. Nie was gehalten, sagen wir mal. Ich weiß, ich habe mich in Sulzbach gewehrt, mit Händen und Füßen, zur Partei zu gehen, weil ich nichts mit der Politik zu tun haben wollte. Das klingt vielleicht alles sehr feig, eigentlich müßte man ja kämpfen, aber das hab ich nicht gemacht. Ich war vielleicht immer zu feig dazu. Oder hab eben auch zu wenig Zeit gehabt. Aber es lohnt sich schon, ja.

Vom Vergehen

Was wird von uns bleiben, wenn wir
Zugedeckt mit Sand in kargem Boden
Sacht verrinnen?

Die Farbe der Wände ließ ich
Erneuern. Stühle stellte ich auf. Worte
Setzte ich aneinander, so daß sie
Mehr wurden als Worte und
Einen Sinn ergaben und den:
Es ist möglich,
Die Erde bewohnbar zu machen für
Menschen.

In den Träumen
Der noch Niedergedrückten und in den
Gedanken der bereits Aufrührerischen wie
In den Taten
Der sich schon Erhebenden
Findet ihr, was
Von uns bleibt.

Aus Günter Kunert: Der ungebetene Gast, 1965

# Anna, 44 Jahre, Dresden

*A. ist in Meißen geboren. Sie studierte an der Hochschule für Film und Fernsehen. Jahrelang arbeitete sie am Theater und beim Fernsehen. Jetzt ist sie Hausfrau. Sie kündigte nicht nur aus persönlichen Gründen, sondern auch, weil sie keine Möglichkeit sah, sich gegen »das Weglassen von Informationen und auch bewußte Fälschung von Informationen« zu wehren.*

*Aus allem, was wir bisher sprachen, schließe ich, daß du sehr resigniert bist über die herrschenden Zustände in unserem Land. Könntest du eine Sache nennen, die dich ganz besonders trifft?*

Also, mich trifft besonders, daß man in seiner Arbeit, die man macht, eigentlich nichts bewirkt. Daß man nur das ausführt, was einem von oben gesagt wird. Man kann also sich auf den Kopf stellen und mit den Beinen wackeln, man kann versuchen, sich mit anderen zusammenzutun, irgendwelche Dinge anstreben und in die Öffentlichkeit gehen, in Versammlungen ... es nutzt alles nichts, weil die Menschen eigentlich schon so knülle gemacht worden sind. Vielleicht belügen uns die auch gar nicht aus voller Absicht, die immer sagen, das ist nur eine Übergangsphase. Es wird ja hier in unserem Staat immer gesagt, warum etwas nicht geht. es wird nie gesagt, wir probieren mal, ob es so und so geht. Mir ist aufgefallen, angefangen bei der Kantine, daß man immer Entschuldigungen hat – und auch die Menschen selber, mit denen man zusammenarbeitet. – Entschuldigungen dafür, weshalb etwas nicht gemacht werden kann.

*Also der Mangel an Bewegung, an wirklichem Leben?*

Es ist auch ein Mangel an Entscheidungsmöglichkeiten der einzelnen Leute. Es gibt überhaupt keine Verantwortlichkeit. Es ist schon so, man geht zur Arbeit und macht das, was einem gesagt wird, ob das gut oder schlecht ist. Man weiß genau, es ist Mist, aber man macht's, weil man sowieso nichts machen kann. Und die Verantwortung hat sowieso ein anderer.

*Kannst du nichts selbst übernehmen?*

So ist es. Ich glaube, das ist in keinem westlichen Land so, daß man abwägt, was man in der Öffentlichkeit sagt. Das man immer denkt, das könnte schaden. Man ist hier so – also hat es so gelernt –, daß man vom Anfang seiner Arbeitsfähigkeit bis zum Rentenalter immer diese Sicherheiten haben muß . . . bis zum Grab versorgt wird. Und daß man deshalb wenige Dinge macht, die einfach reinhauen, z. B., daß man auch offen überall sagt, was man denkt.

*Ich denke, wir leben nun auch schon vierzig Jahre in diesem Land, und irgendwann kann man nicht mehr sagen, die anderen sind an allem schuld. Schließlich sind wir doch auch schon seit zwanzig Jahren im Arbeitsprozeß an diesen Dingen beteiligt. Irgendwo hat man doch auch eine eigene Verantwortung und ist doch an der Gestaltung der Umstände beteiligt. Warum sind nur so viele resigniert und warum sind diese enttäuschten Menschen keine Kraft in diesem Land? Woran liegt es, daß sich keiner bewegt, daß alle verharren, alle warten, daß sich was ändert, damit sie sich verändern können und die Umstände verändern können. Warum sind denn alle nur apathisch, was denkst du?*

Weil die vierzig Jahre die Leute so gemacht haben. Leute, die hier etwas ändern wollten, haben einen Dämpfer von oben bekommen. Zwar ging es nicht an ihr Leben, aber an ihre Existenz, und das macht die Leute sehr still. Aber in persönlichen Gesprächen höre ich immer wieder, daß sich in ganz absehbarer Zeit etwas ändert . . . und das glaube ich nicht. Wir sind sicher selbst daran schuld. An irgendeinem Punkt haben wir gedacht: na ja, es ist noch nicht schlimm, und bestimmt wird sich etwas ändern. Man hat eben persönlich immer gedacht, es wird sich was ändern und man hat nie selber darüber nachgedacht, was man ändern müßte. aber eigentlich beißt es sich in den Schwanz.

*Glaubst du nicht, daß du dich besser fühlen würdest, wenn du dich gegen die Verhältnisse wehren würdest?*

Aber es ist doch so, wenn man etwas macht, dann kommt sofort die Einschränkung und du mußt dich plötzlich mit Dingen befassen, die du nicht willst. Du mußt dich mit Leuten auseinandersetzen, Behörden, Staatssicherheit ... Unter dem Deckmantel des Sozialismus ist ja so viel passiert, z. B. in der Stalinzeit ... und die Leute haben nichts dagegen gemacht. Einzelne sicher, aber die sind umgebracht worden. Aber die anderen haben geschwiegen und versucht, ihr Leben rumzukriegen. Das ist sicher ein Phänomen. – Ich sehe nicht, daß an diesem System etwas gut ist, was uns vielleicht einmal nützt, sondern ich bin jemand, der hier eigentlich resigniert hat. Jetzt könnte ich mir vorstellen, hier wegzugehen, was ich mir vor zwanzig Jahren nicht vorstellen konnte.

Manche Bürger fragen, warum es bei uns keine Opposition gibt und meinen, zu einer richtigen Demokratie gehöre doch auch eine Opposition. Demokratie herrscht aber nicht dort, wo verschiedene Parteien gegeneinander auftreten, wo die Kraft der Arbeiterklasse gespalten ist und eine Opposition besteht. Im Gegenteil, das Vorhandensein oppositioneller Kräfte in bürgerlich-kapitalistischen Staaten offenbart den immer schärfer hervortretenden Interessengegensatz zwischen den sich an der Macht befindenden Monopolisten und Militaristen und der von der Macht ausgeschlossenen unterdrückten Bevölkerung. Opposition ist nur der Beweis dafür, daß die Volksmassen gegen die herrschende Klasse für ihr Recht kämpfen müssen.

Die Bourgeoisie kann die aus den unversöhnlichen Klassengegensätzen hervorwachsende Opposition nicht leugnen. Deshalb versucht sie, diese zu einem »Charakteristikum wahrer Demokratie« für jeden Staat umzufälschen.

Auch von der rechten Sozialdemokratie wurde und wird diese Ansicht verbreitet. Der ehemalige Vorsitzende der SPD, Schumacher, formulierte z. B. wie folgt: »Das Wesen des Staates ist nicht die Regierung, und das Wesen des Staates ist nicht die Opposition. Das Wesen des Staates ist die Regierung und die Opposition.«

Aus solchen Auffassungen wird dann die absurde Behauptung abgeleitet, daß unser sozialistischer Staat der Arbeiter und Bauern nicht demokratisch sei, weil es bei uns »keine Opposition gebe«.

In unserer Deutschen Demokratischen Republik sind die Kriegsverbrecher, Monopolisten und Junker entmachtet. Hier gehören die Fabriken und Banken dem Volk. Die Armee, Polizei und Justiz – die Machtmittel des Staates – sind Instrumente der Werktätigen. Es gibt keinen Gegensatz zwischen der Politik unserer Regierung und den Interessen der gesamten Bevölkerung.

Aus »Warum gibt es in der DDR keine Opposition?«, Neues Deutschland, 17. Mai 1957

## Manuela, 47 Jahre, Leipzig

*M. wurde 1942 in einem lateinamerikanischen Land gebo-*
*ren. Seit dreißig Jahren lebt sie in der DDR, hat hier studiert,*
*ihren deutschen Mann kennengelernt und ihre Kinder zur*
*Welt gebracht. Sie ist, wie ihre Eltern, die in den vierziger*
*Jahren nach Lateinamerika emigrierten, Mitglied einer west-*
*europäischen Partei.*

Also, 1959 bin ich hergekommen, und für mich war alles
hier ideal, denn ich kam aus Lateinamerika. Das Schlimmste, was du im Kapitalismus erleben kannst, erlebst du in
diesen armen Ländern. Obwohl ich nicht schlecht gelebt
habe, habe ich viel Elend und Ungerechtigkeit gesehen.
Meine Eltern waren Kommunisten und haben mich in dem
Glauben erzogen, daß der Sozialismus das Beste ist. Und
ich habe das auch wirklich geglaubt. Für mich war klar, in
der Sowjetunion haben sie schon die Lösung für die ganze
Menschheit gefunden. Die Amerikaner, das sind Schweine,
auf jeden Fall die Regierung, heute denke ich noch so. Bis
zum Einmarsch in die CSSR 1968 habe ich ganz naiv
geglaubt, alles, was passiert, ist in Ordnung. Sogar, daß
man nicht alles sagen darf, weil ich dachte, das ist für die
gute Sache. Ohne Quatsch, so habe ich damals gedacht.
Seitdem ... also das war, als wenn man dir etwas wegnimmt. Ich hätte nie gedacht, daß der Warschauer Pakt in
die CSSR einmarschieren wird. Ich kann mich entsinnen,
wie wir Studenten, auch Ausländer, uns damals stritten,
weil ich so sicher war. Damals war ich schon sechsund-
zwanzig. Ich weiß nicht, als sie das dann doch machten, das
war, als wenn die Mutter, der Vater stirbt. So ähnlich war
das. Seitdem ist es immer nur abwärts gegangen, immer
abwärts. Ich war damals fast nur unter ausländischen Studenten. Wenn die Deutschen immer so gemeckert haben,
dann dachte ich, die haben den Sozialismus und meckern

nur. Die müssen blöd sein, die sind doch für den Kapitalismus. Und dann, als ich Deutsch konnte und mit den Leuten reden, und ich merkte, daß meine Kinder in der Schule nicht das sagen konnten, was sie dachten, habe ich so eine Angst entwickelt, die bis heute nicht weggegangen ist, die Angst, daß meine Kinder was Falsches sagen müssen.

*Was war für dich das Fremdeste, als du hierher kamst?*

Das Fremdeste für mich war diese Nachkriegsstimmung. Ich kam aus einem Land, in dem so viel Armut herrscht, trotzdem ist es ein fröhliches Land. Und das Schlimmste hier waren für mich diese Kriegsbeweise, die Ruinen. Unter den Linden ... das waren alles Ruinen. Alles so grau und Winter, das war furchtbar. Aber daß es ein sozialistisches Land war, das hat mich für diesen Anblick entschädigt. Ich erinnere mich, daß das alles sehr traurig und grausam war. Aber, daß es in den Läden nichts zu kaufen gab, das hat mich nicht gestört. Ich war so begeistert, daß ich endlich mal ein sozialistisches Land kennenlernen kann und hier leben kann.

*Was war für dich Sozialismus, worin hat er sich ausgedrückt?*

Erstmal, daß alles allen gehört und daß jeder verantwortlich ist für alles. Daß alle Kinder in die Schule gehen können und daß alle zu essen haben. Oh Gott, damals habe ich auch noch an die Freiheit der Meinung geglaubt. Ja, ich dachte, daß hier jeder sagen kann, was er will. Das kannte ich noch aus Lateinamerika. Wir bekamen viele Propagandazeitschriften aus der DDR, alles war wie im Paradies hier. Da hieß es, jeder macht Musik, jeder kann ein Instrument spielen, die Deutschen sind sowieso alle sehr gebildet.

Wenn ich jetzt manchmal in Lateinamerika bin, werde ich gefragt, was ist denn schlecht in der DDR, was gefällt dir denn nicht, na und, was ist dabei, daß sie nicht sagen können, was sie denken? Hier können wir auch nicht alles machen und ihr habt alles, was ihr braucht, ihr habt zu essen! Weißt du, das ist ganz komisch.

*Als du damals hierher kamst, waren da deine Vorstellungen identisch mit dem, was du hier vorgefunden hast?*

Ja, für viele Jahre noch. Für mich war alles in Ordnung, zum Beispiel, daß die Leute mehr arbeiten müssen, damit sie Wohnungen bauen können. Alle Schwierigkeiten habe ich akzeptiert. Ich habe daran geglaubt, daß der Kapitalismus immer schuld daran ist, wenn es dem Sozialismus schlecht geht. Das sagt man ja noch heute. Ich habe geglaubt, daß man hier eigentlich keine Fehler macht und daß nur der Westen, die Agenten aus Westberlin, der Kapitalismus schuld sind. Es waren so viele Eindrücke für mich, aber auf jeden Fall war man auf dem Weg, alle Probleme zu lösen.

*Wie ist es heute?*

Oh Gott, kannst du mich was Einfacheres fragen? Im Grunde genommen, denke ich, stehen die sozialistischen Länder auf Null. Also, die ganze Ideologie, die so viele Jahre in mich eingedrungen ist . . ., ist alles weg. Ich glaube nicht, daß irgend jemand eine Theorie hat. Die sozialistischen Länder haben alles falsch gemacht. Ich suche nach irgendetwas, um zu sagen, es hat sich gelohnt. Ich hoffe nur, daß es auch in anderen Ländern Menschen gibt, die vielleicht wie Gorbatschow sind. Ob der das schafft? Ich bin pessimistisch. Ich bin überzeugt, daß in einem sozialistischen Land nur etwas von oben zu ändern ist. Vielleicht. Ich bin deshalb auch deprimiert, weil ich meine, von unten ist nicht viel zu ändern. So ein Mensch wie Gorbatschow . . . wer hätte das gedacht . . . in der Sowjetunion. Ich weiß nicht, ob da die Leute . . . was denkst du?

*Ich denke genau umgekehrt: wenn sich unten nichts rappelt, verändert sich auch oben nichts.*

Was soll denn von unten passieren? Die Leute sind so müde, heute noch.

*Müde wird man ja nur deshalb, weil unten nichts passiert. Einer da oben, der kann . . .*

Nein, nicht allein, Gorbatschow wird schon ein paar Leute gehabt haben, die genauso gedacht haben wie er. Obwohl unten ganz schön Druck da ist, muß man eine bestimmte Stimmung entwickeln, damit sie das oben überhaupt mitbekommen. Ich weiß nicht, wie das jetzt in der Sowjetunion gekommen ist, ich nehme an, daß Gorbatschow einer der wenigen Männer war, die von den Schwierigkeiten gewußt haben.

*Wie siehst du das hier? Welche Grundstimmung ist in der Bevölkerung da?*

Beschissen! Ich kenne auf jeden Fall keinen, der nicht meckert. Ich kenne so viele Leute, ob das Handwerker sind, ob das Lehrer sind, Rentner, jeder meckert aus anderen Gründen. Aber die Lage ist ... ich habe seit Jahren keinen Menschen getroffen, der sagt, es geht weiter bei uns. Keinen!

*Man hat den Eindruck, daß die Menschen immer müde sind?*

Ja, müde. Ich finde, die Menschen werden so zynisch, so gleichgültig. Müde werden die Leute, die sich Gedanken machen.

*Die sich schon abgerappelt haben!*

Ja. Sonst ... Die Jugendlichen, die sagen, ich will mein Leben leben, überall hinfahren, ich lebe sowieso nicht lange, Kinder will ich auch nicht. Die sind einfach gleichgültig und zynisch. Es macht ihnen nichts aus, das oder jenes zu machen, Hauptsache, sie können das erleben, was sie sich vorgestellt haben. Denke ich schlecht? Ich weiß es nicht. Vielleicht sehe ich alles zu schwarz. Du hast mich in einem schlechten Zustand erwischt.

*Aber woran liegt das? Das hat ja was mit uns zu tun!*

Das liegt daran, daß im Grunde genommen die großen moralischen Umwälzungen in der Welt nicht stattgefunden haben, daß die humanistischen Gedanken der verschiedenen Jahrhunderte eigentlich sich nie richtig verwirklicht haben. Das geht so von Generation zu Generation. Wahrscheinlich stehen wir heute in einer Situation, in der sich alle fragen, hat es überhaupt einen Zweck? Wird sich etwas ändern? Zum Beispiel die Rüstung . . . als normaler Mensch stellt man es sich gar nicht so schwierig vor, abzurüsten. Es scheint doch ganz schön schwierig zu sein. Viele Jugendliche werden sich fragen, na, was soll denn das! Weißt du, dieses Hin und Her . . . eine Hoffnungslosigkeit ohne Ideal. Jeder zieht sich auf sich selbst zurück.

*Was denkst du denn, das sich ändern müßte?*

Auf jeden Fall will ich den Kapitalismus nicht haben. Ich weiß auch nicht, ob der Kapitalismus in der Lage ist, sich zu ändern, oder ob Kapitalismus und Sozialismus konvergieren können. Also den Kapitalismus, den ich in Lateinamerika kennengelernt habe, den möchte ich nicht haben, nicht einmal gemischt. Aber ich bin damit einverstanden, daß eine Regierung nur für eine Weile da ist, daß es eine Opposition gibt, Pressefreiheit, daß Leute keine Angst haben, das zu sagen, was sie denken. Die Regierung soll keine Angst vor dem Volk haben und das Volk auch nicht vor der Regierung. Es muß eine Verbindung geben, man muß miteinander diskutieren, sprechen. Die Jugendlichen sollen meinetwegen eine Zeitung in der Schule herausgeben. Also das ist das Positive an den bürgerlichen Demokratien. Was mir Angst macht, ist die kapitalistische Moral, diese Konkurrenz, das Geldmachen ohne Skrupel, das ist wirklich unbegrenzt. Einen dritten Weg zu finden, das ist das, was ich für sehr schwierig halte. Denn ich sehe, die sozialistischen Länder sind viel zu schwach, ob das wirtschaftlich oder ideologisch ist. Im Grunde genommen haben sie nur die Wahl, wieder kapitalistisch zu werden. Schau, in Ungarn, ich weiß nicht, wie das weiter wird, oder Polen? Und in der Sowjetunion weiß man auch nicht . . . oder was meinst du? Also einen dritten Weg sehe ich bis jetzt nicht . . . Früher habe ich gedacht, daß die Menschen eine Diktatur brauchen, weil es so viele blöde Leute gibt. Aber es gibt keine Diktatur, die gerecht ist, auch wenn das vielleicht gute Menschen sind, die eine Diktatur machen. Ich bin jetzt überzeugt, daß sie in ein paar Jahren korrupt werden, daß sich irgendwie jeder so verändert, der an der Macht ist. Die Probleme sind so schwierig geworden auf der Welt ... die ganze Rüstung ... ich möchte mal wissen, welche Regierung heute in der Lage ist, die Sache in die richtige Richtung zu lenken.

*Eine Regierung sowieso nicht! Aber – wie fühlst du dich in der DDR, hast du hier ein Heimatgefühl?*

Nein, ich habe kein Heimatgefühl, nein. Das ist auch logisch. Meine Eltern sind nach Lateinamerika emigriert. Ich bin zufällig dort geboren, und über die Hälfte meines Lebens bin ich hier in Deutschland. Als ich das letzte Mal in Lateinamerika war, hatte ich das Gefühl, daß ich eigentlich dorthin gehöre. Wahrscheinlich, weil ich meine Kindheit dort verbrachte. Das spielt immer eine große Rolle bei einem Menschen. Aber ein Heimatgefühl ... deshalb verstehe ich die ganzen Nationalitätenprobleme nicht. Ich kann natürlich verstehen, daß die Menschen ihre Sprache, ihre Kultur nicht verlieren wollen. Aber ich kann das nicht nachvollziehen, weil ich das selber nicht erlebt habe, weißt du.

*Empfindest du das als Verlust für dich oder als Bereicherung?*

Es könnte eine große Bereicherung sein, aber es ist meistens ein Verlust.

*Warum?*

Nun ja, wenn du ein stabiler Mensch bist, dann kann es eine große Bereicherung sein, überall in der Welt gewesen zu sein. Nicht?

*Die Persönlichkeit kann reicher werden?*

Ja, aber auch das Gegenteil. Der Mensch sucht auch nach seinen Wurzeln oder irgendetwas ... nirgendwo so richtige Wurzeln zu haben, ist schwer.

*Schwer, damit zu leben?*

Ja, wie schwer das ist! Im Prinzip müßte es für jeden Menschen eine Bereicherung sein, aber es ist nicht so, daß der Mensch anfängt, global zu denken.

*Als du hierher kamst, hast du da nicht auch etwas von deiner Mentalität aufgeben müssen?*

Ja, auf jeden Fall. Als ich hier in die Schule kam, wollten mir irgendwelche Mädchen beibringen, daß ich nicht gut erzogen bin, daß ich keine guten Manieren habe. Sie haben mir ein Mädchen zugeteilt, die mein Betreuer sein sollte. Werde ich nie vergessen! Sie hat mir ein Buch geschenkt, da stand drin, wie man sich benimmt. So ein Mist! Sie ist extra mit mir ausgegangen, um mir das zu zeigen. Ich war eigentlich ein ganz natürlicher Mensch, aber durch diese Sachen ist meine Spontanität verloren gegangen. Immer diese Angst, etwas falsch zu machen. Vielleicht, damit niemand merkt, daß du aus einem anderen Land kommst. Ich hätte den Mut haben müssen, zu sagen: also ihr könnt mich alle mal. Ich bin, wie ich bin, und damit hat sich's.

*Du hast dich eben anzupassen versucht?*

Ja, an die Verhältnisse hier. Ich war damals siebzehn Jahre.

*Du bist groß geworden mit einer kommunistischen Erziehung. Was ist davon übrig?*

Die Generation meiner Eltern war unwahrscheinlich aktiv. Ich habe so ein schlechtes Gewissen, weil ich so dahinvegetiere. Manchmal habe ich das Gefühl, als ob ich einfach nur so lebe. Ich habe das Gefühl, man muß irgendwas machen ... na gut, meine Meinung ... das, was ich dir heute sage, das sage ich genauso, wenn mich jemand anderes fragt. Da habe ich keine Hemmungen. Aber trotzdem fühlt man sich so blöd, so inaktiv ... Man soll die Realität nicht akzeptieren, so haben uns meine Eltern erzogen. Deshalb denkt man ständig, das wird sich ändern, und man lebt so mit seinem Idealismus, verstehst du?

*Ja, da kann man auch viel entschuldigen ...*

Alle Fehler sind Kinderkrankheiten des Kommunismus ...
bald sind wir im Paradies. Auf der einen Seite denkt man,
man müßte etwas tun, auf der anderen, der Kommunismus
kommt sowieso, er ist ein Naturgesetz. Und wenn die Realität jetzt von dem Bild abweicht, dann müssen wir das
akzeptieren. So.
Irgendwann hat man es ja begriffen, daß da was nicht
stimmt. Wenn man diesen Leuten, die so identisch gewesen sind, plötzlich allen Idealismus wegnimmt, dann ist
das, als würde man jemand verlieren, den man geliebt hat.
*Bleibt nur noch Haß?*
Haß auch nicht ... völlige Leere. Damals, als ich jünger war,
kannte ich nur Haß und Liebe ... aber diese Leere, die man
plötzlich empfindet ...

Ein neues Zeitalter in der Geschichte des deutschen Volkes
hat begonnen: das Zeitalter des Sozialismus. Es ist das
Zeitalter des Friedens und der sozialen Sicherheit, der Men-
schenwürde und Brüderlichkeit, der Freiheit und Gerechtigkeit, der Menschlichkeit und Lebensfreude. Die jahrhun-
dertealte Ausbeutung des Menschen durch den Menschen
wird beseitigt. Das Volk, das alle Werte schafft, gestaltet
sein Schicksal, das Geschick der Nation. In der neuen
Gesellschaft gilt der Grundsatz: Alles mit dem Volk, alles
durch das Volk, alles für das Volk.
Die Deutsche Demokratische Republik ist in dieses neue,
das sozialistische Zeitalter in Deutschland bereits eingetreten ...
Sozialismus, das ist: Der Kampf um eine hohe Arbeitsproduktivität, die Erreichung und Mitbestimmung des Welt-
niveaus in der Produktion. Dies erfordert die Anwendung
der fortgeschrittenen Wissenschaft und Technik, die Mei-
sterung der modernsten Produktionsverfahren und die qua-
lifizierte Leitung und Organisation der Volkswirtschaft. Das
ist die Grundbedingung für die ständige und planmäßige
Verbesserung der Lebensbedingungen des Volkes.

Die Eroberung der Staatsmacht durch die Werktätigen, die Beseitigung der kapitalistischen Ausbeutung und die Errichtung der Arbeiter-und-Bauern-Macht haben den Weg hierzu freigemacht. Jetzt hängt die Verbesserung der Lebensbedingungen von den Leistungen der Werktätigen und vor allem von der ständigen Erhöhung der Arbeitsproduktivität ab. Der Sozialismus anerkennt und würdigt die persönliche Leistung des einzelnen. In ihm gilt der Grundsatz: »Jeder nach seinen Fähigkeiten, jedem nach seiner Leistung.«

Sozialismus, das ist: Freiheit von Ausbeutung und Freiheit von Furcht vor dem morgigen Tag, gleiche Entwicklungsmöglichkeiten für alle. Das Bildungsmonopol der kapitalistischen Klasse ist beseitigt. Alle Errungenschaften der Kultur, Wissenschaft und Technik stehen den Werktätigen zur Verfügung. Jeder hat die Möglichkeit, seine Fähigkeiten zu entwickeln, Bildung zu erwerben, seine Persönlichkeit zu entfalten. Es besteht völlige Gleichberechtigung der Frau mit dem Mann, Gleichberechtigung aller Bürger ohne Unterschied der Weltanschauung, Religion und Rasse, der Nationalität und sozialen Stellung.

Sozialismus, das ist: Die Beziehungen der Menschen zueinander sind gekennzeichnet durch kameradschaftliche Zusammenarbeit und gegenseitige Hilfe. Mit dem Sozialismus beginnt die Gemeinschaft freier Menschen Wirklichkeit zu werden, die durch gemeinsame, freie und schöpferische Arbeit verbunden sind. Die Ideale der sozialistischen Moral – sozialistischer Patriotismus und Internationalismus, Verantwortungsbewußtsein gegenüber der Gesellschaft, Liebe zur Arbeit und zu den arbeitenden Menschen, sozialistische Arbeitsdisziplin – befähigen die Gemeinschaft und den einzelnen, für das Wohl des Volkes und für den Frieden in der Welt zu handeln.

Sozialismus, das ist: Es gibt keine Klassen mehr an der Macht, die an der Ausbeutung und Unterdrückung des eigenen Volkes oder fremder Völker, an Krieg und Eroberung interessiert sind. Der Sozialismus ist deshalb die sichere Grundlage für die Freundschaft der Völker und ihr friedliches Zusammenleben. Sozialismus, das ist der Friede. Der Sozialismus ist die erste Phase des Kommunismus.

Aus dem Programm der Sozialistischen Einheitspartei Deutschlands, 18. Januar 1963

## Sabine, 37 Jahre, Berlin

*S. hat Geschichte studiert und mehrere Jahre im Museum für Deutsche Geschichte gearbeitet. Nachdem sie einen zweiten Beruf erlernte, betreibt sie heute ein privates Gewerbe.*

*Wie war das, als du im Museum für Deutsche Geschichte DDR-Geschichte aufbereitet und in diesen Führungen vermittelt hast?*

Ich habe mich nicht mit dem identifiziert, was ich gesagt habe. Dort im Museum habe ich erst durch Fakten und Hintergründe, vor allen auch durch Literatur, mitbekommen, wie falsch uns vieles im Studium beigebracht wurde. Ich habe mitbekommen, daß vieles, fast alles in diesem Museum Propaganda ist und nur dem Zweck dient, die Politik zu rechtfertigen.

*Wie hast du dich selber bei deiner Arbeit gefühlt? Du hast ja auch ein Geschichtsbild vermittelt.*

Wenn ich mich unbeobachtet gefühlt habe, habe ich viele Dinge weggelassen ... Das ist ein Zwiespalt, so kann man sich eigentlich nicht wohlfühlen.

*Was waren die besonderen Punkte, über die du gestolpert bist, wenn du etwas erklären mußtest?*

Das waren der 17. Juni und der 13. August, aus der jüngeren Entwicklung die Erweiterung des sozialistischen Sektors in der Industrie, also die Verminderung des privaten Sektors. Das wurde ja mit jedem Parteitag als Sieg hingestellt. Die Verkleinerung des privaten Sektors zugunsten des sozialistischen Sektors. Das hast du ja in der Praxis gesehen, daß das eine kranke Entwicklung war. Oder die Entwicklung in der Landwirtschaft – du wußtest selber, was für Fehler in der Landwirtschaft begangen wurden. Das fand da überhaupt keinen Niederschlag. Die Fehler wurden dort nicht gezeigt, nur die Erfolge, oder Erfolge, die eigentlich gar keine waren ... reine Propaganda. Also, auf Informationen kommt es da überhaupt nicht an. Dazu würde ich auch stehen, wenn mich einer fragen würde.

*Darunter hast du auch gelitten?*

Ja, darunter habe ich gelitten.

*Das hast du nicht überein bekommen?*

Ich dachte immer, die Leute können mir ins Gehirn schauen, wenn ich irgendwas sage, wo ich nicht dahinter stehe.

*Was denkst du, so, wie die DDR-Geschichte aufbereitet wird, da besteht doch ein Nachholbedarf?*

Ja, man hat bewußt Geschichtsfälschung betrieben, indem man Dinge nicht benannt hat ... also, wie schwarze Löcher. Man hat dort im Museum selber Fotos retuschiert, man hat Leute, die damals an dem Kongreß teilgenommen haben, einfach ausgelöscht.

*Im Studium war dir das noch nicht so bewußt?*

Meine politische Meinung war damals durch das Studium so geprägt, daß ich völlig im Einklang war mit diesem Geschichtsbild hier, da ergaben sich für mich gar keine Widersprüche.

*Wie wurde damals umgegangen mit den Leuten, die auch schon zu dieser Zeit in den Westen gingen, floß das mit ein?*

Da hat man sich ziemlich einfach geholfen. Der 13. August wurde dargestellt ... da hat man auf drei Karikaturen die wirtschaftlichen Schwierigkeiten, die die DDR aufgrund der Grenzgänger usw. hatte, dargestellt. Aber die Ursachen, warum die Leute gegangen sind, die spielten keine Rolle, nur, daß sie gegangen sind. Und die Folgen für die DDR ... waren ja da, und das Problem steht ja heute genauso. Man kann doch nicht immer nur die Leute kriminalisieren, man muß doch auch fragen, warum die Leute zu Tausenden die Ausreiseanträge stellen.

*Ein Grund könnte ja der Umgang mit der eigenen Geschichte sein?*

Ja, sicher, daß man sich nicht auch zu Fehlern bekennt ...

Ich finde, man müßte sich auch zu Fehlern bekennen können, das macht auch die Glaubwürdigkeit eines Systems aus. Wenn ich immer nur so tue, als wenn die Geschichte eine Aneinanderreihung von Erfolgen sei . . . also, das gibt's nicht, weder individuell noch in der Geschichte.

*Was müßte sich unbedingt ändern, damit nicht mehr so viele weggehen, damit man sich persönlich wohler fühlt?*

Ehrlichkeit – also bezugnehmend auf das, was ich vorhin sagte. Mitwirkung oder Demokratie, die ganz real ist, nicht nur auf dem Papier, die dir die Möglichkeit gibt, wirklich was zu bewirken. Es dürfte nicht so sein, daß man meine Mitwirkung ausnutzt für eine Politik, die ich letztlich nicht haben will. Offenheit wäre auch wichtig, was politische Fehler betrifft . . . Du erfährst ja die wichtigen Dinge, die in der Welt passieren, gerade die Veränderungen in Polen und Ungarn, das erfährst du ja alles über's Westfernsehen, das erfährst du ja nicht über uns. Wenn man dich künstlich dumm hält, na, wie sollst du da mitreden, das ist eine Wechselwirkung. Eine Veränderung des Wirtschafts- systems, die Flexibilität der Wirtschaft . . . Ich könnte mir vorstellen, daß die Größe der Kombinate nicht mehr der Entwicklung entspricht . . . Ich finde, der Privatinitiative – das sage ich nicht nur, weil wir ein Geschäft haben – müßte viel mehr Raum gelassen werden, . . . daß wirklich Leute, die in der Politik was zu sagen haben, Fachkompetenz besitzen, . . . auch mehr Vertrauen, und nicht in jedem Kritiker gleich einen Staatsfeind sehen. Kritik ist von jeher ein Element gewesen, das 'ne Sache zum Positiven ins Rollen bringt. Wenn ich mich selber nur beweihräuchere, wie will ich mich da entwickeln? Entwicklung steht dazu im Widerspruch. Ich meine, das sind Erkenntnisse, die gibt's in der Psychologie, in der Geschichte . . . und wir negieren sie laufend!

*Was sind für dich heute noch die Vorzüge des Sozialismus?*

Ja, da habe ich mir auch schon meine Gedanken gemacht, und ich muß sagen, ich finde immer weniger Antworten . . .

Die Wirtschaft muß für den Menschen sein, die kann ja nicht Selbstzweck sein. Also, was erarbeitet wird, sollte dem Menschen zugute kommen. Also die soziale Gerechtigkeit. Aber die siehst du ja auf Schritt und Tritt auch verletzt. Ich meine ja nicht, daß man eine Gleichmacherei machen sollte ..., aber ich finde zum Beispiel nicht gut, daß es ein Gesundheitssystem gibt, das Klassen und Schichten hat, ich sage mal die oberen Zehntausend, daß die ihre speziellen Krankenhäuser haben, die entsprechenden Medikamente, die es für den Normalbürger nicht gibt ..., dann, daß sie entsprechende Geschäfte haben. Weil unsere Wirtschaft nicht so stark ist, daß genug importiert werden kann, werden Importsachen nur in bestimmten Geschäften verkauft, die Privilegierte, dem Staat genehme Leute, dort einkaufen können. Ich meine, man sucht immer die Vorteile und gibt sich selbst die Antwort: es ist ja doch nicht so!

*Der Anspruch, der mal formuliert war, ist nicht mehr da?*
Ja, man hat genug Gegenbeispiele erfahren und zuviel gehört. Also, ich frage mich wirklich, was sind die Vorteile? Also frag mich nicht, ich finde nicht die Antworten.

*Was wünschst du dir persönlich an Veränderungen?*
Ich wünsche mir eine sichtbare Veränderung. Man hat das Gefühl seit ein paar Jahren, es stagniert, und das macht einen verrückt. Und das läßt einen auch manchmal mit dem Gedanken spielen, hier wegzugehen ... – Wie soll sich hier was ändern, wenn alle nur weggehen, und doch gehen um dich herum so viele Leute. Und das macht das Leben hier wirklich nicht einfacher. Also, es müßte sich was verändern. Sicher, alle warten nur immer, daß sich was verändert, wenige tun was ... die kannst du bewundern, die was tun und für ihre Überzeugung eintreten ...

Die nunmehr fast 30jährige Geschichte der Deutschen Demokratischen Republik findet wachsendes Interesse – vor allem in der DDR selbst, in den befreundeten sozialistischen Ländern, in jungen Nationalstaaten, aber auch in entwickelten kapitalistischen Ländern. Die Motive sind so vielfältig wie die Interessenten: das Bedürfnis, aus den Kämpfen der Vergangenheit Einsicht zu gewinnen und Kraft zu schöpfen, um das Heute und Morgen meistern zu können; der Wunsch, den Freund besser kennenzulernen; das Bestreben, Erfahrungen der DDR für den eigenen Kampf zu nutzen; die Suche auch nach Antwort auf die Frage, wie dieser Staat, dem seine Feinde viele Jahre lang ein baldiges Ende prophezeiten (auf das sie kräftig hinarbeiteten!), in die Reihe der entwickeltsten Industrieländer der Welt vorstoßen und sich dort behaupten konnte.

Aus der Vorbemerkung zu »DDR. Geschichtlicher Überblick«, Dietz Verlag, Berlin 1979

## Mißglücktes Gespräch am Küchentisch
mit einem Dreizehnjährigen
und seinem achtjährigen Bruder


*(Frage an den Älteren:) Die DDR wird 40 Jahre alt – was
fällt dir dazu ein?*
Darauf gebe ich keine Antwort.
*Warum?*
Weil es mich nicht interessiert.
*Interessiert dich nicht? Du lebst doch hier in der DDR!*
Na und!
*Hast du dafür einen Grund?*
Ja, weil mich das nicht interessiert.
*Was interessiert dich dann?*
Über Urtiere? *(fragt der Jüngere dazwischen)*
Oh Gott! *(Der Ältere stöhnt auf)*
*Und du, was kannst du dazu sagen? (Frage an den Jün-
geren)*
Über was?
*Über die DDR, die jetzt 40 Jahre alt ist. Du lebst ja noch nicht
so lange, erst acht Jahre. Was weißt du über die DDR?*
Na, daß sie DDR heißt.
*Und mehr nicht?*
Na, ah, na, interessiert mich auch nicht!
*Dich interessiert nicht, wo du lebst?*
Muß doch nicht. Später kann man ja auch woanders leben.
*Ist aber nicht so einfach, woanders zu leben.*
Ich weiß.
*Was weißt du denn darüber? Kennst du denn andere Länder?*
Ja.
*Welche denn?*
Polen.
*Und da willst du gern leben?*
Nein!

*Wo würdest du denn gern leben?*
In England.
*Warum in England?*
Weil es meine Lieblingsfahne ist.

# Eckhart, 39 Jahre, Berlin

*E. wurde 1950 in Jarmen geboren. Mit 14 Jahren zog er nach Neubrandenburg und absolvierte dort eine Lehre als Elektromonteur, 1970–71 leistete er seinen Wehrdienst, danach arbeitete er in den verschiedensten Berufen und an den verschiedensten Orten in der DDR. 1974 kam er nach Berlin und erlernte in der Erwachsenenqualifizierung als zweiten Beruf den des Tischlers. Er ist verheiratet und hat drei Kinder.*

Ich arbeite seit neun Jahren in dem Museum und gehöre schon zu den Älteren. Es gibt ganz alte Hasen dort, die schon ziemlich lange da arbeiten. In dieser Zeit hat sich an der Voraussetzung zum Arbeiten, an den Arbeitsmitteln, nichts geändert. Zwei Maschinen sind dazugekommen, die sind schlechter als die alten, obwohl die alten Vorkriegsmodelle waren. Es ist nicht möglich, so zu arbeiten, daß du Leistung bringen kannst. Ich habe einen Arbeitsvertrag, in dem steht, daß ich verpflichtet bin, mein Bestes zu geben. Dazu bin ich auch bereit, aber es ist nicht möglich, weil die Voraussetzungen fehlen. Das jetzt seit neun Jahren! Da rückt und rührt sich nichts, wenn man modernisieren will, und das muß man ganz einfach, um produktiv zu arbeiten. Die Struktur des Maschinenbauhandels setzt dem Grenzen. Das ist wie bei allen Artikeln, ob persönlichen oder in der Industrie: fünf bis zehn Jahre mußt du warten. Ich habe z. B. Maschinen bestellt nach einem Katalog, der hatte Redaktionsschluß 1972, aber da sind Maschinen abgebildet, die in den fünfziger Jahren private Betriebe gebaut haben, die es schon gar nicht mehr gibt. Die Betriebe sind vom VEB übernommen worden, der hat die Maschinen auch noch eine Weile gebaut, aber nun schon lange nicht mehr. Man muß dazu sagen, es hat eine total funktionierende Holzverarbeitungsmaschinenindustrie gegeben, die war hier auch beheimatet. Die gab's im Leipziger Raum und im Erzgebirgischen. Das Handwerkszeug, Hobel und so: das gab's in Ulm, im Süddeutschen. Aber die Maschinen, die wurden hier gebaut, bis in die sechziger Jahre hinein. Dann war abrupt Schluß. Das ist alles kaputt gemacht worden, das gab's nicht mehr. Das ist ausgelagert worden nach Bulgarien und Rumänien, um den Ländern eine Industrialisierung zu ermöglichen. Aber das funktioniert eben nicht. Man ist total abhängig davon. Die Maschinen, die gebaut werden, sind riesig groß, verbrauchen wesentlich mehr Energie, sind auch anfälliger, weil komplizierter, aber nicht sicherer und auch nicht leistungsfähiger. Vor allem sind sie lauter, da kriegt man eine Macke. Dadurch bist du einfach nicht in der Lage, gut zu arbeiten. Das, was ich bereit bin zu geben, kann ich nicht geben, das was ich gelernt habe, kann ich nicht anwenden. Aber das ist nicht nur bei uns so, das ist in allen Bereichen so. Das war so, als ich bei den Reglerwerken in Teltow war, als ich in der Zuckerfabrik als Elektriker gearbeitet habe. Obwohl es damals noch ging, das war in den sechziger Jahren. Das gibt es gar nicht mehr, daß du loslaufen kannst und dir das privat kaufen, was du auf der Arbeit brauchst. Damals konnte man das alles noch. Ja, eigentlich von der Versorgung her, auch auf industriellem Gebiet, gibt's absoluten Rückgang. Ich weiß nicht, woran es liegt, keine Ahnung, warum es so viele Dinge, die es gab, jetzt nicht mehr gibt. Entweder sind die Betriebe alle eingegangen oder aber . . . ich weiß nicht. Es geht einfach nicht vorwärts. Also, ich rede nicht nur von mir, nein, auch von denen, mit denen ich zusammenarbeite: die Bereitschaft zu arbeiten ist da, aber es fehlen einfach die Voraussetzungen, fehlen einfach! Dann ist plötzlich die Nullbockstimmung da. Leck mich am Arsch, interessiert mich nicht. Dazu kommt dann noch das gesamte Umfeld. In der Industrie würde ich ja mehr Geld verdienen können, aber ich arbeite in dem Museum, weil ich mich irgendwie damit

# Mit „Fhu" zum Camping

Dewag Zwickau : Eichholz

TG 56-22

# Trabant

Der Kleinwagen mit großem Fahrkomfort und hoher Leistung.
Luftgekühlter Zweizylinder-Zweitaktmotor, Leistung 18 PS, Viergang-
Getriebe, Frontantrieb, Kraftstoff-Durchschnittsverbrauch 6–7 Liter/
100 km. Höchstgeschwindigkeit 90 km/h. Selbsttragende Karosserie,
Stahlblechgerippe mit Duroplastpreßstoff beplankt.
Neu: Ein- und mehrfarbige Sonderausführungen!

# VEB SACHSENRING
# AUTOMOBILWERKE ZWICKAU

identifiziere. Mußte aber sehen, wie das Museum systema-
tisch von der staatlichen Seite zugrundegerichtet wurde,
einfach zugrunde – mehr oder weniger der Nikolaikirche,
dem Ephraimpalais und der Husemannstraße geopfert
wurde.
*An diese drei Stellen sind Exponate gegeben worden?*
Nicht nur das. Im Hause selbst gab es herrliche Rundgänge, das sind jetzt nur noch Karnickelställe, weil der Verwal-
tungsapparat sich so aufgebläht hat. Dagegen wurden für
den produktiven Bereich – dazu zähle ich auch die Restau-
ratoren – zwar Leute eingestellt, aber keine Arbeitsplätze
geschaffen. Dasselbe für den Technikbereich. Das sind
aber diejenigen, von denen verlangt wird, die Ausstellungen
zu realisieren. Die ehemaligen Rundgänge sind zu, jetzt
wird alles umgemodelt im Haus. Früher konnte ich sagen:
ich arbeite im Museum, das mußt du dir mal ansehen. Das
ist jetzt nicht mehr möglich: ist nichts mehr zu sehen! Da
stehen so viele Räume leer. Man könnte schöne Ausstellungen machen, aber dann machen wir Ausstellungen von
Chinesen und Rumänen. Man macht sich 'nen Kopp über
das, was passiert. Man kann es keinem Menschen verden-
ken, wenn er sagt: ich habe die Schnauze voll, und einfach
wegläuft. Perspektiven bietet das hier im Moment nicht.
*Es gibt nur die Perspektive, daß sich etwas ändern muß.*
Ja, wie denn, das kann ja nur von unten passieren.
*Ich habe den Eindruck, daß es in der DDR keinen gesamtge-
sellschaftlichen Willen mehr gibt, daß die Gesellschaft aus-
einandergebröckelt ist in einzelne privilegierte Gruppen. Die
Lehrer haben andere Privilegien als die Ärzte, die Künstler
wieder andere als die Rentner. Mich würden mal die Privilegien der Arbeiter, die ja nach wie vor eine führende Kraft sein
sollen, interessieren.*
Also, ich habe kein Privileg ... Ich habe das Privileg zu
schuppern. Na höchstens noch, daß unsere Tochter auf die
Sprachenschule kam. Aber das hat wahrscheinlich nur für

die Statistik Wert, da war es wichtig, daß auch ein Arbeiter-
kind in diese Klassen kam. Aber ansonsten – welches Privileg habe ich? Also, ich habe nur das Privileg zu schuppern,
wie im Mittelalter zu arbeiten, mit einer technischen Voraussetzung, die auch mittelalterlich ist, weil wirklich alles
fehlt. Ich hab vielleicht noch das Privileg, eine Schwieger-
mutter zu haben, die mir aus dem Westen Werkzeuge mit-
bringt, damit ich meine Aufgaben im Museum erfüllen
kann, und die ich gleichzeitig noch privat nutzen kann. Das
ist vielleicht das einzige. Das ist kurios, aber es ist so. Ich
habe noch das Privileg, daß ich sehr freizügig entscheiden
kann. Das hat nichts mit meiner sozialen Stellung zu tun,
sondern mit meinem Arbeitsvertrag. Ich bekomme sehr
wenig Geld und da guckt man dann nicht so genau hin. Also
das ist alles. Ich bin nicht im FDGB, denn einen Ferien-
platz würde ich sowieso nicht erwischen, weil es die für
Familien mit drei Kindern nicht gibt. Wenn, dann nur für
Kinder ab drei Jahre.
*Glaubst du, daß es hier ein Interesse an unabhängigen*
*Gewerkschaften gibt?*
Bei uns in der Tischlerei würde ich sagen ja, wenn ich an die
Abteilung Technik denke, würde ich schon wieder sagen
jein, obwohl ich sagen muß, von elf Leuten sind nur vier in
der Gewerkschaft. Alle anderen sind ausgetreten oder nie
drin gewesen. Die verwalten sich eigentlich schon selber.
Eine unabhängige Gewerkschaft zu gründen ... glaube
nicht, daß das möglich wäre. Bei uns nicht. Ist sicher möglich in großen Betrieben – da gibt es ganz konkrete Dinge,
für die es sich zu kämpfen lohnt und wo man auch Betriebs-
leitungen unter Druck setzen müßte.
*Gibt es eigentlich so etwas wie ein Selbstbewußtsein der*
*Arbeiter?*
Selbstbewußtsein? Das hängt eigentlich mit der gegenwärtigen Situation zusammen: die Nullbockstimmung nimmt
zu. Wir sitzen erst mal bis um zehn und diskutieren, was

eigentlich los ist. Keiner versteht das mehr. – Mich hatte man gezwungen, in den FDGB einzutreten. Ich wollte meinen Meister machen, aber ohne Mitgliedschaft im FDGB wäre eine Delegierung nicht möglich, hat man mir gesagt. Ich bin reingegangen, aber dann ziemlich schnell wieder raus. War anderthalb Jahre drin und jetzt fragt auch niemand mehr nach. Solange man seine Arbeit macht, spielt das keine Rolle. Obwohl mein Chef jetzt öfter sagt: Wenn Sie meinen, bestimmte Dinge nicht mittragen zu können, dann gehen Sie doch. So weit treibt der das nun.

*Hat das mit versteckter Arbeitslosigkeit zu tun?*

Ich weiß nicht, ob es die gibt. Ich weiß nur, daß viele Leute dorthin wollen, wo ich bin. Man kann nur so der Produktion entfliehen. Und das ist mit Sicherheit ein ganz anderes Leben. Man teilt sich die Arbeit ein und der Druck ist ein ganz anderer. Wir organisieren uns die Arbeit selber.

*Könntest du eigentlich mit dem Geld, das du verdienst, deine Familie ernähren oder muß deine Frau unbedingt arbeiten gehen?*

Nee, na wie denn? Ich habe ein Bruttogehalt von 1100,– Mark. Mein Grundgehalt sind 880,– Mark, dazu bekomme ich 80,– Mark Handwerkerzuschlag. Dann bekomme ich noch 70,– Mark Leitungszuschlag, weil ich die Tischlerei leite, und 70,– Mark Leistungszuschlag. Raus bekomme ich 862,– Mark, davon kannst du in diesem Land keine Familie mehr ernähren. Jetzt gibt's die kleinen Stücken Butter für 3,25, das ist eine absolute Schweinerei, und die Leute halten still, das ist ein Phänomen! Zusammen haben wir 1600,– Mark, und davon kannst du hier keine fünfköpfige Familie ernähren, geht nicht, die als einzigen Luxus ein Auto hat. Geht nur, weil unsere Mütter uns oft helfen. Das Auto ist ja kein Luxus. Geh doch mal im Sommer und versuch, mit fünf Personen rauszukommen. Und auch wieder rein. Berlin ist doch nahverkehrsmäßig nicht erschlossen. Na, Fahrrad würde noch gehen, aber da mußt du ganz schön strampeln, bis du am Rand bist. Straßenbahn, U-Bahn, Bus nehmen kein Fahrrad mit.

*Ich nehme an, daß sich die Preise noch stark nach oben bewegen werden und daß diese 3,25 für 125 Gramm Butter eigentlich der reale Preis sind.*

Ich weiß nicht, ob das der reale Preis ist. Weiß nicht, was überhaupt ein realer Preis ist hier. Das ist ja überhaupt nicht mehr nachvollziehbar. Ich glaube, daß niemand mehr weiß, auf welchen Ursprung das zurückzuführen ist. So viel wird umgeschüttet, von einem Haufen auf den anderen. Hat doch keiner mehr 'nen Überblick. Ich kann mir nur vorstellen, daß die mit aller Macht versuchen, das, was zuviel an Geld da ist, auf irgendeine Weise wieder reinzubringen. Die bringen Waren auf den Markt, mit denen das vielleicht möglich ist. Aber die Warendecke ist ja einfach nicht vorhanden. Und deshalb können wir dann mit unseren 1600,– Mark irgendwann nicht mehr mit. Dann müssen wir aussteigen, ganz einfach! In den sechziger Jahren, kann ich mich erinnern, da war ich in Neubrandenburg und habe da gelernt, da fing es an mit Ex-Läden. Aber die Leute haben nicht viel verdient. Trotzdem gab es schon diese Läden für eine kleine Gruppe von Leuten, die das Geld hatten.

*Ich kann mich erinnern, daß ich 1974 mal einen Rock für 70,– Mark dort gekauft habe, das kam mir schweinisch teuer vor.*

Aber es gibt ja nicht nur die Ex-Läden, mit den Kindern hat man ja die Shop-Probleme. Das erklär mal deinen Kindern! Da können wir eben nicht mithalten. Wir versuchen irgendwie zu existieren. Versuchen, das Beste draus zu machen. Gut, man kann nebenbei arbeiten, aber eigentlich sind das ja auch illegale Dinge.

*Ich frage mich manchmal: von wem ist hier eigentlich was zu erwarten? Von den Künstlern nicht, von den Angestellten nicht, ich nehme an, von den Arbeitern auch nicht, und von*

*denen da oben erst recht nicht. Manche vertreten ja die*
*Theorie, es ginge uns noch zu gut, es müsse uns erst schlech-*
*ter gehen.*

Ja, das stimmt. Denke ich auch. Anders ist der Mensch
nicht zu erreichen. Wenn es sich bewahrheitet – zwar augenblicklich noch dementiert, aber wie will man den Weg
über Ungarn in den Westen eindämmen? –, daß Reisebe-
schränkungen gemacht werden, dann geht es einer ganz
großen Gruppe von Wohlstandsbürgern an den Kragen.
1,5 Millionen Ungarnreisende – und das sind vor allem
Leute, die Geld haben. Oder Beziehungen – du brauchst
entweder umsonst Verpflegung oder Quartier, beides kannst
du mit dem Geld, das du umtauschen kannst, nicht finan-
zieren. Die tauschen heimlich um in Westkohle, und damit
kannst du gut in Ungarn leben. Ungarn ist eben attraktiver
vom Konsum her, ist ja fast wie im Westen. Und auf Konsum
fahren viele ab.

*Ich meine ja nicht unbedingt den Wohlstandsbürger. Wann*
*wacht denn der Arbeiter auf?*

Der Arbeiter wacht erst auf, wenn es nichts mehr zu essen
gibt. In Berlin ist die Versorgungslage noch viel zu gut, aber
in Leipzig, Halle, in den Ballungszentren, da werden sie
schon sauer, weil's nur mal was zur Messe gibt. Viel wird ja
auch über die Betriebskantinen gesteuert. Bei uns gegenüber ist doch der Zentralvorstand des FDGB, da gab's auch
immer Sachen, die du sonst nirgends gesehen hast. Wir
haben dort früher auch Mittag gegessen. Plötzlich war das
nicht mehr möglich. Da gab's eine Anfrage an den Zentralvorstand, und als Antwort kam, daß es ein Sicherheitsrisiko wäre, wenn wir dort rein gingen. Sicherheitsrisiko für
Harry Tisch. Wenn sich ein Gewerkschaftsboß so abkap-
seln muß, daß man da so ein großes Sicherheitsrisiko ist,
na, was soll's dann? Das war ein Grund für viele, aus der
Gewerkschaft auszutreten.

*Ich habe nur Angst, daß der Zeitpunkt kommen wird, an dem*

*die Arbeiter eine starke Gewerkschaft brauchen und keine*
*haben. Daß es ähnlich wie in Ungarn wird, da scheinen die*
*Arbeiter ja auch keine Lobby zu haben.*
Polen ist sowieso interessanter als Ungarn.
*Warum?*
Weil zum ersten Mal die Partei auf ihre führende Rolle
verzichtet und es neben der Partei noch mehr tragende
Kräfte gibt.
*Glaubst du, daß in unserer Gesellschaft noch der Gedanke*
*des Sozialismus lebendig ist?*
Wie stellt sich denn der Sozialismus dar? Vollbeschäfti-
gung? Soziale Errungenschaften? Was ist denn Sozialis-
mus? Ich weiß nicht, was Sozialismus ist.
*Wichtig ist für mich der Gedanke von Gerechtigkeit, sozialer*
*Gerechtigkeit. Damit meine ich keine Gleichmacherei.*
Es gibt doch bei uns so viele Schichten und Klassen.
*Ich meine ja nicht die Wirklichkeit. Ich meine die Idee. Lohnt*
*es sich, neu darüber nachzudenken und sie auf bisher unbe-*
*kannte Weise verwirklichen zu wollen?*
Verwirklichen heißt doch, daß man erst mal sagen muß,
daß die Wege bisher falsch waren. Die mit der Fahne vorne-
weg gelaufen sind, müssen eingestehen: das war der falsche
Weg.
*Wenn man über künftige Möglichkeiten nachdenkt, heißen*
*die dann nur Marktwirtschaft, knallharte Konkurrenz? Oder*
*könnten die nicht auch heißen Selbstverwaltung und sozia-*
*les Engagement?*
Also, mit Sozialismus als Morgenrot lockst du auf keinen
Fall mehr jemanden hinter dem Ofen vor. Der Begriff ist so
abgeritten und so in den Schmutz gezogen, damit lockst du
niemanden mehr. Du mußt dir vielleicht was ganz neues
einfallen lassen. Es ist doch nicht normal, daß die Parteispitze, obwohl hier ständig in diesem Land über Devisen-
mangel geklagt wird – ist ja nicht nur die Parteispitze, ist ja
die ganze Leitungsebene – daß die mit diesen schwarzen

Limousinen in der Gegend herumfahren! Es ist doch nicht normal, daß ein Mensch, der sich Sozialist nennt – eigentlich nennt er sich ja Kommunist – daß der vor seinem eigenen Volk Angst hat! Das ist doch nicht die Angst vorm bösen Klassenfeind, das ist doch die Angst vor dem eigenen Volk. Ist doch nicht normal, daß man als Arbeiter in diesem Land ein Sicherheitsrisiko für den FDGB-Boß ist! Das ist doch nicht normal! Da wirst du stinkig drüber.

Die Aufgaben zur Stärkung der materiell-technischen Basis sind vom Genossen Erich Honecker in einer sehr umfassenden Sicht und zugleich prägnant nach den entscheidenden volkswirtschaftlichen Komplexen entwickelt worden. Das ist eine grundlegende Orientierung, die sowohl vom Inhalt als auch von der Art und Weise des Herangehens für die gesamte weitere Arbeit maßgebend ist. Viel hängt davon ab, wie es gelingt, aus dieser volkswirtschaftlichen Sicht die Durchführung der dazu im Plan festgelegten Aufgaben Punkt für Punkt in Angriff zu nehmen.
Im Interesse der weiteren kontinuierlichen Verwirklichung der Hauptaufgabe darf es an den festgelegten Zielen zur Stärkung der materiell-technischen Basis keinerlei Abstriche geben.
Die Kampfposition kann nur darin bestehen, auf dem Wege der Intensivierung alle Reserven aufzudecken und zu erschließen. Wir müssen immer davon ausgehen, daß die erste Frage darin besteht, das Vorhandene vollständig und mit hoher Effektivität zu nutzen. Und wenn wir heute fordern, das Vorhandene besser zu nutzen, dann ist das etwas anderes als vor fünf Jahren. Das Vorhandene, das waren 1970 in der Volkswirtschaft 467 Milliarden Mark Grundfonds; heute sind es nach dem Stand von 1975 577 Milliarden Mark, das heißt 110 Milliarden Mark mehr. Allein in der zentralgeleiteten Industrie sind 40 Prozent der Ausrüstungen dem Werte nach nicht älter als fünf Jahre. 12,2 Prozent der in der Produktion Tätigen sind bereits an

automatisierten Anlagen beschäftigt. Das alles zeugt nicht nur von größerer Quantität, sondern vor allem auch von einer sich verändernden Qualität unserer materiell-technischen Basis.

Aber mit dieser objektiven Gesamtentwicklung hält die Arbeit in einigen Betrieben nicht in erforderlichem Umfange Schritt.

Die Aufgabe besteht vor allem darin, daß alle verantwortlichen Leiter ihre persönliche Verantwortung vor der Partei, vor dem Staat für die effektivste Verwendung der ihnen anvertrauten staatlichen Fonds voll wahrnehmen und alles getan wird, um die zeitliche Auslastung der Maschinen und Anlagen wesentlich zu verbessern.

Überall ist die straffe Leitung der Plandurchführung ein Grunderfordernis unserer Arbeit. Wir bleiben bei der bewährten Erfahrung, den Plan bis auf den Monat und die Dekade aufzugliedern und danach abzurechnen. Darüber hinaus werden wir die Vorausschau für den jeweils bevorstehenden Zeitraum noch qualifizierter vornehmen lassen, damit notwendige Entscheidungen rechtzeitig getroffen werden können.

Aus dem Diskussionsbeitrag von Günter Mittag auf der 4. Tagung des ZK der SED, 9. Dezember 1976

## Tinka, 32 Jahre, Berlin

*T. ist 1957 in Genthin geboren. Sie studierte Pädagogik und arbeitet seit neun Jahren als Lehrerin. Jetzt lebt sie mit ihrem elfjährigen Sohn in Berlin.*

*Wenn man im Fernsehen Jugendliche sieht, die in den Westen gegangen sind, hat man manchmal den Eindruck, als hätten sie an irgendwelche Folgen gar nicht gedacht. Es sieht manchmal aus, als hätten sie nur an einem Geländespiel teilgenommen und wären nun als erste am Ziel angekommen. Was meinst du, woran das liegt?*

Ja, es kommt rüber, daß sie denken: ich bin jung, und durch meine Leistung werde ich das hier schon schaffen. Und was hier gezählt hat, war ja nicht die Leistung. Das können sie zwar nicht sagen in so einem Interview, aber geschnallt haben sie das schon.

*Ja, bei uns werden sie eigentlich auch fachlich nicht gefordert. Ich meine, es gibt keine wirkliche Konkurrenz. Wenn sie sich ordentlich angepaßt verhalten, dann ist ihr Weg in der Regel vorgeschrieben, dann geht das seinen Gang. Sie haben nicht einmal die Möglichkeit, sich durch Widerstand zu identifizieren mit den Problemen hier.*

Und weil sie keine Identifikationsmöglichkeiten sehen, entfliehen sie dem. Und kriegen nicht mit, daß das meist nicht mal eine private Lösung ist.

*Ich konnte mich in meiner Schulzeit noch mit dem Sozialismus identifizieren. Da war der Gedanke: das sind alles Kinderkrankheiten, das dauert eine Weile, und dann ...*

Ja, da bist du auch eine andere Generation. Ich hab zwar auch manchmal gedacht: vielleicht haben sie doch recht. Aber dieses Entweder-Oder-Denken hat schnell nachgelassen. Ich hab ziemlich schnell kapiert, daß das kein Sozialismus ist und daß man was ganz Neues machen müßte. Ich bin 1963 in die Schule gekommen, und wir haben schon eine ganze Menge mitbekommen. Wenn ich mich so erinnere ... also, wir haben den FDJ-Sekretär schon beschissen auf Teufel komm raus. Wir haben in unserer Klasse über ein Jahr keine FDJ-Versammlung gemacht und kein FDJ-Studienjahr. Wir haben aber Protokolle abgegeben darüber. Wenn ich mir das jetzt nachträglich überlege, das war ein Hammer. Wenn das rausgekommen wäre! Da hat die ganze Klasse mitgespielt. Wir haben das nicht ernstgenommen und auch nicht gesehen, daß wir auf dieser Ebene was einbringen könnten, was verändern. Wir haben uns schon die Ebenen daneben gesucht. Wir hatten in unserer Klasse viel miteinander zu tun, aber nicht in diesem Rahmen, das ist nicht gelaufen. Wir sind aber auch nicht zur Kirche gegangen, das war auch keine Alternative. Da saßen so ein paar alte Damen ab sechzig und haben uns Geschichten erzählt, da bin ich seit der siebenten Klasse nicht mehr gewesen. Da gab es andere, kleinere Möglichkeiten, aber da haben wir auch niemanden reingucken lassen.

*Bei meinem Sohn hat mal der Lehrer in einer Elternversammlung sich darüber beschwert, daß die Kinder nicht ihre Meinung sagen, und hat die Eltern dazu aufgefordert, daß sie ihre Kinder in dieser Richtung ermuntern. Das war in der siebenten Klasse. Ich kann mich auch noch erinnern, daß man einen Lehrer sich totlaufen lassen kann durch mangelnde Mitarbeit. Aber wie ist denn das für einen Lehrer? Wie reagiert der auf so eine Wand?*

Für mich war eine Beobachtung erschreckend. Ich habe bemerkt, daß die Kinder sehr schnell gemerkt haben: die will was anderes von uns. Sie haben versucht rauszukriegen, was ich will, und das haben sie dann geschrieben. Wieder nicht, was sie wollten, sondern was ich wollte. Ganz deutlich geworden ist mir das in einer Stunde, 10. Klasse Russisch. Ich hab sie mal gefragt, warum sie überhaupt Russisch lernen. Da kamen Antworten von Völkerfreundschaft bis Weltfrieden. Ich hab dann noch weitergebohrt,

und dann kam: wissen wir auch nicht. Scheiße, was zählt, ist nur Englisch. Wie das zu ändern ist, weiß ich auch nicht, vor der Klasse nicht. Du kannst nur mit einzelnen Schülern und nur unter vier Augen bestimmte Gespräche führen. In zwei Fällen ist mir das auch gut geglückt, da brachte mir dann eine Schülerin immer Bücher von ihren Eltern mit, eins über Hiroshima mit einem Vorwort von Havemann. Das war von den Eltern ein ganz großer Vertrauensbeweis. Aber es ist schon sehr schwer, auf Dauer hältst du das nicht durch. In der sechsten Klasse sollte ich eine Liste schreiben mit den Namen der Jungs, die ich für einen militärischen Beruf für geeignet halte. Konnte ich nicht, habe ich auch nicht gemacht. Na, sie haben nicht mit mir darüber diskutiert, weil sie meine Meinung auch kannten. Aber sie versuchen es dann immer auf fachlicher Ebene. Ich kann mir also nicht erlauben, zu spät zu kommen, was verschlampen geht einfach nicht, das würden sie zum Vorwand nehmen. Man muß sich immer absichern, was in der Volksbildung in verschärftem Maß passiert. Da ist vor einiger Zeit ein Unfall gewesen, da war eine Klasse rudern, ein Boot ist gekentert und ein Kind ertrunken. Von da an durfte niemand mehr rudern mit Kindergruppen. Du mußt jeden Monat wahnsinnig viele Belehrungen durchführen, alles aufschreiben. Ist mir selbst schon passiert. Ein Kind hatte einen Autounfall, sofort kam einer der Verkehrsbullen in die Schule und guckt im Klassenbuch nach, wann die letzte Belehrung war. Als wenn das was geändert hätte.
*Aber das ist hüben und drüben so.*
Das sind Verhaltensformen, die sich in bürokratischen Strukturen entwickeln. Die haben meine Kollegen gut drauf. Privat läuft wenig. Sie wissen, was sie sagen dürfen und was nicht. Je größer das Kollegium ist, desto verschärfter ist das. Es wird dir unwahrscheinlich übel genommen, wenn du das durchbrichst. Zum Beispiel, wenn du darauf hinweist, daß eine Grippeschutzimpfung doch wohl noch

freiwillig ist, dann kann sich der Direktor darüber drei
Wochen aufspulen, weil er das als ungehöriges Verhalten
empfindet. Oder daß man nicht die Hände in die Taschen
stecken soll. Das zeigt ja nur, was die sich gefallen lassen,
auf jeden Fall der größte Teil. Und die es sich nicht gefallen
lassen, die sind ja nach kurzer Zeit wieder raus. Da habe ich
mehrere Fälle erlebt.

*Vielleicht ist es unmöglich, daß man sich als Einzelner*
*gegen das Kollektiv auf Dauer wehren kann.*

Kannst du auch nicht. Wenn du nicht ein Hinterland hast,
wenn du nicht einen Freundeskreis hast und noch andere
Aufgaben, dann kannst du das nicht. Entweder du paßt
dich an, läßt dir das Rückgrat brechen, wenigstens an-
knacksen, oder du mußt da wieder raus. Der Job ist persön-
lichkeitstötend. Am Anfang habe ich mich immer gewun-
dert, woher die Lehrer ihr merkwürdiges Selbstbewußtsein
nehmen. Aber das ist ganz künstlich aufgebaut. Du mußt
mal Lehrer im Urlaub kennenlernen, auf irgendwelchen
Zeltplätzen. Die trauen sich ja noch nicht mal zu sagen, als
was sie arbeiten.

*Lehrer ist doch eigentlich ein sehr diskreditierter Beruf.*

Zu Recht. Der Lehrerberuf ist ja auch in einigen Bestim-
mungen eindeutig definiert. Du bist ein Werkzeug. Ein
Werkzeug des Staates. Bloß wenn du erstmal die Tür hinter
dir zumachst und vor der Klasse stehst, dann kannst du
eine Menge machen, weil die nicht alles kontrollieren können. Na gut, wenn du erstmal aufgefallen bist, dann kannst
du gar nichts mehr machen. Dann kommen die ständig
unangemeldet, du kannst nicht mal mehr mit den Eltern
allein ein Gespräch führen.

*Bietet denn die Schule irgendwas an ideellen Werten?*

Für die Größeren nicht, für die Kleineren denke ich schon.
Das ist unterschiedlich, das hängt von den Leuten ab, die
dort arbeiten. Aber das ist für mich auch ein Kritikpunkt.
Lehrersein ist im Grunde eine Überforderung. Jetzt gab's

in der SU mehrere Aufsätze über dieses Problem und auch in den »Pädagogischen Novellen« von Tendrjakow taucht es auf. Der Lehrer soll alles verstehen, jedes Problem bewältigen, sich um jeden einzelnen kümmern, damit nichts schief läuft. Das ist eine totale Überforderung. Dem versuchen die Lehrer ständig auszuweichen, indem sie das Problem weitergeben. Manchmal gibt es Leute, die Überpersönlichkeiten sind und es rund um die Uhr schaffen und dadurch die anderen ständig anstacheln. Es gibt welche, die gehen mit den Kindern zum Friseur, wenn die Eltern das nicht schaffen. Bei den Kleineren läuft das schon an einigen Stellen. Aber wahrscheinlich nur, wenn die Lehrer und Lehrerinnen selbst wissen, um welche Werte es eigentlich geht, die also nicht nur die formalen Kisten durchziehen, Wettbewerb und so. Du findest oft ältere Unterstufenlehrerinnen, die das einfach wissen und mit ihren Klassen ganz anders umgehen.

*Also liegt es wieder mal sehr am Einzelnen und nicht am System? Entweder trifft man auf einen Lehrer mit wenigstens rudimentärem Wertegefühl, oder der Schüler hat Pech?*
Ja, ist schlimm. Wenn ich an die nächste Generation denke, die jetzt kommt, da ist nicht mehr viel. Meistens wird es schon ganz formal auch mit den Kleinen durchgezogen. Wenn ich jetzt an die Schwierigkeit denke, meinen Sohn am 1. September wieder in die Schule zu kriegen – und dann ist auch noch sein bester Freund ausgereist ... Und wie gern ist der am Anfang in die Schule gegangen! Und es gab das Problem, daß nur die Lehrerin zählt und wir zu Hause nicht. Bis zu dem Tag, an dem die Kinder aufgerufen wurden zu spenden für Kinder in Ländern, die hungern. Da sollten sie Länder nennen. Da war er ganz stolz, daß er auch eins wußte, und sagte: Rumänien ... Meiner Meinung nach hatte die Lehrerin völlig inhumane Bewertungsmaßstäbe und hat das Leistungsdenken von Anfang an durchgezogen, und da hat die den natürlich zur Sau gemacht. Ich hab dann

zu meinem Sohn gesagt, daß er sie fragen soll, wann sie das letzte Mal in Rumänien war. Sein Vater war jeden Sommer da und von dem weiß er es. Ja, und dann war die noch nie in ihrem Leben da. Da war er enttäuscht, das war ein Vertrauensbruch und von da an ging es auch los.

Der Bruch ist am Ende der Unterstufe, da ist keine Identifikationsmöglichkeit mehr. Ist doch klar: was wird denen angeboten? Die kriegen doch mit, daß alles abgerechnet wird, in Aufrufen, Wettbewerben und so. Und das geht doch Kindern völlig am Arsch vorbei. Die Kleinen freuen sich vielleicht noch, wenn so ein Emmi-Elefant ausgemalt wird für jede Flasche, die sie mitbringen. Bloß, nach zwei Jahren interessiert sie das nicht mehr.

*Was würdest du dir eigentlich für dieses Bildungssystem wünschen? Für die Lehrer, für die Kinder?*

Ein Kardinalproblem ist, daß Vertrauen zwischen Lehrern und Schülern geschaffen werden müßte. Alles müßte darauf hinarbeiten. Dazu gehört dann, daß die Lehrer nicht mehr diese unsinnigen Machtbefugnisse über die Kinder haben dürften. Aber sie dürfen auch nicht mehr nur Werkzeug sein, um Anweisungen auszuführen, noch dazu von solchen Leuten, die fast nie in der Praxis gestanden haben und dann noch die Lehrer kontrollieren, ob sie das machen. Dazu würden demokratische Spielregeln gehören – so was wie Vollversammlungen, Beiräte, in denen neben den Eltern, Schülern, Lehrern auch Psychologen und Ärzte sitzen müßten, von mir aus auch jemand aus dem Wohnbezirk. Ist zwar auch jetzt so, daß immer eine Person von der Schule den Kontakt zum Wohnbezirk halten muß, aber da läuft doch nichts. Höchstens, daß gesagt wird, die Schule kann diesen oder jenen Rasen pflegen. Gemeinsam müßte festgelegt werden, was wir denn wollen. Und wenn das nicht bald passiert, dann ist hier eine ganze Menge den Bach runter. Die Gefahr zum Beispiel, nach rechts abzudriften, ist mir schon 1984 aufgegangen. Wenn du die Parolen auf den Toiletten liest: Irgendwo ist mir schon klar, daß dieser Ruf nach uneingeschränkten bürgerlichen Freiheiten kommen muß, weil das Individuum ständig klein gemacht wird. Wenn ich so die jüngeren Ausreiser sehe, dann ist mir so eingefallen, die sind hier durch dieses Schulsystem gelaufen, die sind total apolitisch, haben nichts geschnallt. Die sind durch eine Gebetsmühle durch und nichts ist hängengeblieben.

*Aber um das Bildungssystem zu verändern, was ich als die notwendigste Änderung ansehe, muß sich doch erst die ganze Gesellschaft ändern. Das ist doch nicht isoliert davon zu erreichen!*

Unbedingt! Das Bildungssystem ist doch nur darauf ausgerichtet, geeignete Produzenten zu produzieren, die Kinder darauf auszurichten. Es ist ja zu überlegen, ob so ein zentralisiertes Bildungssystem überhaupt etwas bringt. Ob nicht ganz andere Formen gefunden werden müssen. Ich meine nicht private Schulen, an denen dann wieder die Geldgeber bestimmen können, was gemacht werden soll. Also, es geht nicht um Eliteschulen, alle Kinder müßten in Schulen kommen und dann auch den gleichen Anforderungen ausgesetzt sein. Später müßte dann ein großes Gremium – das habe ich schon genannt – entscheiden, welchen Weg das Kind weiter nimmt. In diese Schulen müßte auch körperbehinderte Kinder mit rein und bis zu einem gewissen Umfang auch geistig geschädigte Kinder. Denn daß heute so viele Kinder scheitern in der Schule und in Ausgleichsklassen müssen, wäre sicher bei einer anderen Methodik zu verhindern. Differenziert zusammengesetzte Beiräte müßten entscheiden, und da dürfte das Elternhaus keine entscheidende Rolle spielen, auch nicht, welche Schule gerade in der Nähe ist. Und dazu gehört auf alle Fälle, daß es keine endgültige Entscheidung ist, daß ein Wechsel möglich ist. Eine gewisse Anzahl kann ja auf der Volkshochschule noch Abschlüsse nachholen, aber es gibt Beschränkungen. Zum

Beispiel ist das Alter begrenzt. Und diese Beschränkungen müßten auch alle wegfallen. So daß Leute unabhängig vom ökonomischen Nutzen noch einmal anders anfangen könnten. Überhaupt mal was lernen könnten, auch wenn sie es gar nicht beruflich machen wollen. Sicher müßten auch bestimmte Grenzen eingebaut werden. Das ist mir auch klar, daß es nicht nur nach Lust und Laune gehen kann. Aber wenn zum Beispiel die ganzen sozialen Berufe bessere Anreize hätten, daß die Leute kürzer arbeiten, mehr Geld verdienen, nicht diese ständige Überlastung hätten, dann hätten die Leute mehr Zeit, einen Ausgleich für ihre Arbeit zu finden. Damit würde eine bessere Einstellung entstehen, und sie würden vielleicht nicht nur danach trachten, aus ihrem Beruf rauszukommen.

*Eigentlich ist ja sowieso unzumutbar, daß Menschen, die einen sozialen Beruf haben, diesen ein ganzes Leben machen müssen. Diese ständige psychische und physische Überbelastung zerstört doch die Menschen selber und kann sich nur negativ auf das Verhältnis zu den Kindern, Kranken und Alten auswirken. Positiv ist es doch unmöglich, dann noch etwas in seine Arbeit einzubringen, wenn man nur immer daran denkt: ich muß durchhalten, damit ich meinen Rentenanspruch nicht verliere.*

Natürlich, ein totaler Schwachsinn, das Personal bis zum Rentenalter an den Schulen zu lassen. Wenn du Glück hast, dann schaffst du den Absprung in einen Bürosessel, dann hast du es noch ein bißchen ruhig vor der Rente, oder du mußt dich in so einem Alter immer noch mit diesen Klassen auseinandersetzen. Im Sommer, wenn so zentrale Veranstaltungen für die Kinder stattfinden, dann sehe ich sie doch. Die hinken teilweise, die können nur am Rand stehen und aufpassen. Die bewundere ich wirklich grenzenlos, weil ich auch ohne gesundheitliche Macken öfter mal nicht mehr kann.

*Eigentlich gibt es ja in unserem Erziehungssystem über-*

*haupt zu wenig Lehrer. Die treten dann meist nur als Sportlehrer oder in den oberen Klassen als Lehrer in den naturwissenschaftlichen Fächern auf. Aber in Kinderkrippe, Kindergarten, Unterstufe in der Schule alles nur Frauen und dann auch noch oft alleinerziehende Mütter – das finde ich zu einseitig.*

Sicher, klar, bloß sieh dir die Zulassungsordnung an, zum Beispiel für Kindergärtnerinnen: alles nur Mädchen, kein Platz für Jungen. Sollte sich dann doch einer bewerben, dann geht es vielleicht mit einem Augenzwinkern. Aber das würde voraussetzen, daß den Jungen und Männern auch eine Bereitschaft zu dieser Arbeit anerzogen wird, denn diese Arbeit ist ja gesellschaftlich nicht anerkannt. Und als Mann . . . diese ewige Geduld, diese ewige Bereitschaft, auf jemanden einzugehen, die besteht doch nicht.

*Und wie ist es mit der Bezahlung? Kann man damit auskommen?*

Auf alle Fälle. Anfangsgehalt liegt jetzt bei 1000,– Mark, dann bekommt man etwa 850,– Mark raus. Ich habe ja versucht, zwischendurch eine andere Arbeit zu finden, und habe festgestellt, daß du auf dieser Ebene, auf der du keine Leitungstätigkeit auszuüben hast, als Frau keine andere Möglichkeit hast, so viel Geld zu verdienen. Das ist der einzige Sektor. Sonst ist Geldverdienen immer an bestimmte Hierarchien gebunden. Also ich denke, die Bezahlung ist sehr gut. Na gut, ich habe auch keine besonderen Ansprüche. Es gab ja letztes Jahr eine generelle Gehaltserhöhung von 300,– Mark, und diese drastische Erhöhung hat sicher damit zu tun, daß viele Lehrer abspringen. Dieses hohe Gehalt ist schon verlockend und mich versöhnt das dann auch immer mit einigen Sachen. Und daß gerade das Anfangsgehalt so angehoben worden ist, hat schon damit zu tun, daß in den ersten Jahren viele wieder abspringen wollten. Es gab ja Zeiten, da hat so eine junge Lehrerin 400,– Mark rausgekriegt. – Diese Klausel im Arbeitsvertrag, daß ein Lehrer nicht kündigen darf, hat sicher auch mit der Fluktuation zu tun.

*Warum darf er nicht kündigen?*

Er darf schon kündigen, aber das kann abgelehnt werden. Der nächste Betrieb bekommt dann die Kaderakte nicht.

*Also bist du gezwungen, dein Leben lang Lehrer zu sein?*

Ja, wenn die wollen.

*Dann kannst du nur noch ein Verhältnis mit einem Schüler aus der zehnten Klasse anfangen?*

Ja, oder in die Friedensbewegung gehen. – Auf jeden Fall, wenn du da anfängst mit einem Berufsethos oder einer inneren Mission, dann kannst du ganz schnell einpacken.

*Wenn man sich vorstellt, daß es bei dem allen ja um die Erziehung von Kindern und Jugendlichen geht, dann kann man nur Mitleid mit ihnen haben.*

Das kannst du auch. Die kriegen doch ganz schnell mit, daß die Lehrer ihnen auch nur etwas vormachen. Die Unglaubwürdigkeit erhöht sich noch dadurch, daß sich bestimmte Sachen so schnell ändern. Vor fünf Jahren durftest du das Wort »Umweltschutz« nicht verwenden, weil es vom Klassenfeind besetzt war, jetzt steht es überall. Obwohl ja überall ziemlich offen diskutiert wird – also, in der Volksbildung wird nicht diskutiert. Es wird zwar mehr diskutiert und auch schon mal in kleineren Runden, aber in den offiziellen Versammlungen, da läuft meines Wissens nichts.

Alle Erfahrungen bestätigen die Richtigkeit und Allgemeingültigkeit der Leninschen Lehre, daß sich die kommunistische Erziehung der Jugend vor allem durch ihre Teilnahme am praktischen Kampf bei der Errichtung der neuen Gesellschaft vollzieht. Es ist wichtig, daß sich die Leitungen der FDJ stets davon leiten lassen, daß junge Erbauer des Sozialismus nicht im Treibhaus heranwachsen, sondern im vielfältigen Alltag unseres sozialistischen Lebens. Sie werden geformt und gestählt im Prozeß der Arbeit, beim Lernen, bei der sinnvollen Gestaltung der Freizeit, beim Sport, bei der Teilnahme am gesellschaftlichen Leben wie in der Auseinandersetzung mit Auffassungen und Verhaltensweisen, die dem Sozialismus fremd sind. Ihr alle wißt es aus eurer täglichen Arbeit selbst, daß die vielfältigen Beziehungen zu anderen Menschen und das Zusammenleben in den verschiedenen Kollektiven von großem Einfluß auf die Entwicklung junger Menschen sind. Sie werden durch die Teilnahme am sozialistischen Aufbau ständig wachsen und sich weiter vervollkommnen. Deshalb beurteilen wir junge Menschen nicht so sehr nach Äußerlichkeiten, sondern in erster Linie nach ihrer politischen Grundhaltung und ihren Leistungen für den gesellschaftlichen Fortschritt, nach ihrem Charakter und ihrem Verhalten, also nach ihren inneren Werten. Sag mir, wo du stehst und was du für den Sozialismus tust – das ist die Frage, die einem Jugendlichen in unseren Tagen zu stellen ist.

Aus der Rede Erich Honeckers zur Rolle der Jugend, 20. Oktober 1972

# Martin, 41 Jahre, Berlin

*M. wurde 1948 in Wernigerode geboren. Nach dem Abitur studierte er Medizin und abeitet jetzt als Arzt in einem Krankenhaus. Er ist verheiratet und hat zwei Kinder. Vor zwei Jahren stellten er und seine Frau einen Ausreiseantrag.*

*Wir haben ja schon öfter über dich und deinen Ausreiseantrag gesprochen. Du weißt, daß ich immer sehr traurig bin, wenn jemand dieses Land verläßt, obwohl ich sehr oft diejenigen verstehen kann. – Du hast einen Antrag auf Familienzusammenführung. Deine Schwester lebt in Westberlin, aber deine Mutter lebt hier. Daß du einfach nur zu deiner Schwester willst, kann ich dir nicht glauben, denn sie kann dich besuchen, und du hast sie auch schon öfter besucht.*

Ja, es ist eine schwerwiegende Entscheidung, die ich getroffen habe. Man muß einen Grund angeben, und der ist bei mir die Familienzusammenführung. Meine Schwester lebt in Westberlin, die Frau meines verstorbenen Bruders lebt in der Bundesrepublik. Wir haben recht gute Beziehungen zueinander. Auch der Rest meiner Familie lebt entweder ständig oder seit ein paar Jahren in der Bundesrepublik. Durch die Besuchsreisen, die ich vor ein paar Jahren machte, ist mir klar geworden, wie unnormal eigentlich diese Möglichkeit der familiären Kontakte ist. Obwohl man es ja schon als Propaganda abtut, graben sich diese Dinge wie Arbeitslosigkeit, Rauschgift und ähnliches doch etwas ein. Aber ich habe gesehen, daß die Bundesrepublik eben doch nicht so ein exotisches Land ist, in dem man als DDR-Bürger nicht leben könnte. Auf der Ebene meiner Generation sind ja die Möglichkeiten, die familiären Kontakte aufrechtzuerhalten, besser geworden. Aber auf der Ebene der Kinder ist man ja weit davon entfernt, normale Kontakte miteinander zu haben. Dann ist man ja auch entwürdigenden Bedingungen ausgesetzt, ehe so eine Reise zustandekommt. Die Entfremdung wird von Generation zu Generation einfach stärker. Mit meinem Antrag auf Familienzusammenführung wollte ich auch dem Zerreißen der Kontakte entgegenwirken. Was meine Mutter betrifft, haben wir die Übereinkunft getroffen, daß sie so lange hierbleibt, bis unserem Antrag stattgegeben wurde, und dann nachkommt.

*Aber du lebst doch hier auch schon vierzig Jahre. Da gibt es doch auch viele Kontakte und Bindungen. Die Bundesrepublik ist schon ein anderes Land, das wirst du doch auf deinen Reisen mitbekommen haben. Auch wenn man die gleiche Sprache spricht, ist Verständigung nicht so leicht.*

Ich habe die merkwürdige Erfahrung gemacht, daß die Bindungen an die DDR nach dem Fassen meines Entschlusses intensiver geworden sind. Daß ich zum Beispiel Entwicklungen in unserem Land intensiver verfolge als vorher. Die Ereignisse nach der Luxemburg-Demonstration oder die Ereignisse an der Ossietzky-Schule und nach den Wahlen habe ich sehr verfolgt und wollte mich da auch einbringen. Aber dabei bin ich auch auf Gruppierungen gestoßen, die meinten, daß ich mit meinem Ausreiseantrag sozusagen das moralische Recht dazu verloren habe. Das ist eine unangenehme Erfahrung, weil ich das nicht so sehe. Ich mache ja nicht so einen totalen Bruch, daß ich mein Heil nur noch in der Bundesrepublik sehen würde. Die vierzig Jahre, die ich hier gelebt habe, sind schon der entscheidendste Eindruck in meinem Leben.

*Wärst du denn auch ohne Ausreiseantrag bereit gewesen, in diese Gruppen zu gehen und dich für diese genannten Themen zu engagieren? Weißt du, das glaube ich nämlich nicht. Da wäre die Angst wohl doch zu groß gewesen vor den möglichen Konsequenzen. Zum Beispiel hast du mich ja vor unserem Gespräch gefragt, ob es deinem Ausreisanliegen schaden könnte, wenn du als dieser anonyme Gesprächspartner identifiziert werden würdest.*

Es ist schon merkwürdig – diese Zeit jetzt war nicht nur mit Problemen belastet, sie hat für mich auch Gewinn gebracht, weil mir bewußt geworden ist, seitdem ich den Antrag gestellt habe, wie sehr ich mich habe vereinnahmen lassen von unserem Staat. Ich bin immer der Meinung gewesen, daß ich nicht zu denen gehöre, die aus Karrieregründen aus ihrem Herzen eine Mördergrube machen. Ich habe keine Jugendweihe gemacht, war nicht in der FDJ, hatte aber Glück mit meiner Entwicklung, vielleicht, weil mein Vater Pastor war. Aber trotzdem: steter Tropfen höhlt den Stein, und diese Gefahr habe ich nachträglich erkannt. Ich will dir mal ein Beispiel erzählen, worüber ich mich nachträglich in den Hintern beißen könnte. Als ich das erste Mal in den Westen reisen wollte, waren gerade Wahlen gewesen. Bei jeder Wahl habe ich meine Entscheidung in der Kabine getroffen, aber bei dieser Wahl habe ich meinen Zettel einfach in die Urne gesteckt, weil ich so scharf darauf war, diese Reise zu bekommen. Wenn ich das mache, obwohl ich von mir sonst viel halte, dann verstehe ich natürlich die, die das aus was für Gründen auch immer ebenso machen. Ich habe viele Kompromisse gemacht. Obwohl mein Sohn nicht zu den Pionieren wollte, habe ich gesagt, er solle das ruhig machen, das solle nicht der Punkt sein, an dem er Schwierigkeiten bekommt. Mit der Jugendweihe, das wäre sicher ein Problem geworden, aber durch unseren Antrag hat sich das dann erübrigt. Dadurch habe ich ein freies Stück Leben in der DDR gehabt.

*Hast du nicht manchmal überlegt, ob du den Antrag zurückziehen solltest?*

Ich habe schon oft überlegt, ob es richtig war, den Antrag gestellt zu haben, aber zurückziehen ist unmöglich. Du weißt ja, daß meine Frau fristlos entlassen wurde, daß meine Kinder Diskriminierungen über sich ergehen lassen müssen. Die entscheidenden Überlegungen finden vor der Antragstellung statt, dann aber muß man es durchziehen.

*Du sagst, daß du politischer geworden bist und daß du das begrüßt. Auch wenn man deinen Antrag ablehnen würde, wärst du nicht mehr derselbe Mensch. Nun gibt es viele, die keinen Antrag haben, die auch politisch denken und handeln und die dadurch diesen Diskriminierungen ausgesetzt sind.*

Ja, das stimmt. Aber ich würde den Antrag auch jetzt wieder stellen, obwohl ich mich verändert habe, weil ich das meiner Familie nicht zumuten möchte, daß sie wegen mir irgendwelchem Druck ausgesetzt ist.

*Ich bedaure immer, daß über die eigene Situation viel zu spät reflektiert wird. Und dementsprechend gehandelt. Ich glaube, es würde hier schon anders aussehen, wenn das alle Ausreiser gemacht hätten.*

Ich würde mir auch besser gefallen, wenn ich es anders gemacht hätte. Aber es war eben nicht so.

*Du weißt, daß es für mich verständlich ist, wenn man hier weggeht, aber daß ich von Pfarrern und Ärzten erwarte, daß sie hier aushalten. Dies ist so ein moralischer Anspruch. Dieses Land ist kaputt, seelisch und körperlich. Wer soll sich darum kümmern, ich meine von Berufs wegen? Zum Beispiel ist die Situation im Gesundheitswesen katastrophal und deshalb erwarte ich auch von den Ärzten, daß sie ausharren.*

Das hat ja schon mal Bischof Forck gesagt, daß Ärzte und Pastoren, die einen Ausreisantrag stellen, für ihn keine Ärzte und Pastoren sind. Sehe ich natürlich nicht so. In meinem speziellen Fall sehe ich das nicht so, weil in meiner Einrichtung noch Leute nachdrängen, um dort tätig zu sein, mehr, als Möglichkeiten vorhanden sind, so daß durch meinen Weggang keine Notsituation entstehen würde. Obwohl – ich weiß, daß es in der DDR Gegenden gibt, in denen es anders aussieht. Moralisch gesehen hätte ich dann nach Cottbus oder Mecklenburg gehen müssen.

*Ja.*

Daß ich das nicht getan habe, ist ja eigentlich genauso

verwerflich wie in den Westen zu gehen. Ich weiß, daß es mir mehr Schwierigkeiten bereiten würde, eine Landarzt- stelle zu verlassen, wo ich wüßte, daß niemand so bald dorthin geht, als der Weggang aus meiner konkreten Situa- tion. Man geht ja immer von seiner konkreten Situation aus, und da weiß ich, daß mein Weggang keine Probleme für die medizinische Versorgung mit sich bringt. Da belastet mich viel mehr der Weggang von meinen ganzen Freunden und Bekannten. Weißt du, zu sagen, alle können gehen, nur Ärzte und Pastoren nicht, finde ich auch ein bißchen ober- flächlich. Das müßte man auch differenzieren.

*Ich weiß, daß ich mit meiner Auffassung bei vielen anecke. Aber das sind für mich Berufe, die den Einsatz der ganzen Person für einen anderen Menschen verlangen, und ich frage mich schon, was los ist, daß hier Tausende von Ärzten weggehen. Vielleicht steht das im Zusammenhang damit, daß nur die Angepaßtesten dieses Ziel, Arzt zu werden, erreicht haben. Bei den Pastoren ist es vielleicht wieder anders. Weil sie nichts anderes studieren konnten, studieren sie Theologie, und plötzlich haben sie einen Beruf, der ihnen abverlangt, an Gott zu glauben und sich ganz für jemand anderen einzusetzen.*

Das mag in vielen Fällen zutreffen. Bei mir persönlich trifft das nicht zu, denn ich hatte einen reibungslosen Entwick- lungsweg. Gleich nach dem Abitur habe ich Medizin stu- diert, ohne Jugendweihe gehabt zu haben, ohne in der FDJ gewesen zu sein. Eine Differenzierung ist schon möglich. Ich würde sagen, eine Verbesserung meines Lebensstan- dards ist nicht der Anlaß für diesen Schritt. Mein Vater hat 600,– Mark verdient, und jemand, der 1000,– Mark verdient hat, das war wie so eine Schallmauer. Und ich verdiene heute das Doppelte. Was meinen Lebensstandard betrifft, habe ich keine Probleme. Das ist keine Motivation für mich wegzugehen. Es ist natürlich so, wenn ich meine Kollegen sehe, die weggegangen sind, daß da auffällig viele Leute dabei waren, die angepaßt waren. Sehr viele Genossen, die nicht durch Antrag, sondern bei Dienstreisen wegbleiben oder Urlaubsreisen ins westliche Ausland. Oft hatten sie Funktionen in der Partei oder sonstwo. Ihr Weggehen finde ich moralisch verwerflicher.

*Was meinst du, worin bestand ihre Motivation?*

Daß ein Arzt sich in der Regel in der Bundesrepublik besser steht als hier. Eine andere ist sicher die, daß es irgendwann nicht weitergeht, wenn man in der Forschung steht. Für mich steht die Forschung an zweiter Stelle, in erster Linie fühle ich mich für die medizinische Betreuung verantwortlich. Behinderungen spüre ich in meiner Arbeit überhaupt nicht. Das spielte auch in den Gesprächen mit der Abteilung Inneres eine Rolle. Man fragte mich, ob es auf meiner Arbeit Dinge gibt, die mich behindern. Das mußte ich verneinen. Es gibt natürlich Dinge, die einem nicht zur Verfügung stehen, aber das wäre kein Grund zum Weggehen. Im Gegenteil: man muß den Leuten mit dem, was zur Verfügung steht, helfen.

*Soviel ich weiß, soll es im Westen 14 000 arbeitslose Ärzte geben. Merkwürdigerweise bekommen doch die Ärzte aus der DDR ziemlich schnell eine Anstellung.*

Ich muß sagen, daß ich mir über das Problem noch nicht so viel Gedanken gemacht habe. Aber ich bin so arrogant, daß ich glaube, bei meiner Ausbildung, die ich genossen habe, und bei meinen Fertigkeiten werde ich in dem harten Konkurrenzkampf, der dort herrscht, nicht untergehen. Ich würde auch bei dieser Entscheidung bleiben, wenn der Wechsel zu einer Verschlechterung meines Lebensstandards führt.

*Würdest du aber auch weggehen, wenn du nicht wieder als Arzt arbeiten könntest?*

Das ist für mich eine theoretische Annahme. Es ist für mich gesetzt, daß ich gleich oder in absehbarer Zeit wieder als Arzt arbeiten werde.

*Bei 14 000 arbeitslosen Ärzten ist es doch auch theoretisch,*
*anzunehmen, man bekommt eine Arbeit.*
In meiner Entscheidung spielt auch eine große Rolle, was
aus unseren Kindern wird. Die Erfahrungen, die ich mit
unserer Volksbildung gemacht habe, die sind durchgehend
negativ. Ich könnte mir sogar vorstellen, nicht mehr als
Arzt zu arbeiten, um meinen Kindern die Möglichkeit zu
einer beruflichen Entwicklung zu geben, die ihren Vorstellungen entsprechend ist. Es ist unmöglich, daß D. hier
Abitur macht, und die Frage der Armee steht auch bevor.
Er würde den Wehrdienst verweigern wollen. Und die Vorstellung, es würde darauf hinauslaufen zu sehen, daß er
vielleicht zwei Jahre ins Gefängnis müßte, ist mir als Vater
furchtbar. Durch bundesrepublikanische Probleme wie zum
Beispiel Rauschgift sehe ich meine Kinder nicht so gefähr-
det wie durch die Probleme, die hier auf sie zukommen. Ich
kann mir schon vorstellen, daß, wenn meine Kinder nicht
gewesen wären, ich hiergeblieben wäre.
*Es ist schade, daß die Westreisen dich nicht dazu gebracht*
*haben, das Leben in diesem Land zu verändern, sondern*
*dich eher ermutigt haben wegzugehen. Kannst du dir vor-*
*stellen, wie das Ausreiseproblem zu lösen wäre?*
Die Zustände müßten sich so ändern, daß keiner mehr weg
will. Ist zwar banal, aber ... Es ist auch eine gewisse Resignation bei mir eingetreten. Ich habe ja nicht das Gefühl,
nichts getan zu haben. Als mein Sohn vor sechzehn Jahren
geboren wurde, habe ich mir gesagt: bis D. soweit ist, daß
die Probleme wie Armee und Beruf kommen, ist doch alles
anders. Aber es ist halt nicht anders. Und ich habe das
Gefühl, in zwanzig Jahren ist es auch nicht anders. Ich
möchte ja gar nicht, daß es hier wie im Westen ist. Die
tollste Atmosphäre, die ich erlebt habe, das war vor dem
21. August 1968 in Prag. Da war das Erlebnis Bundesrepublik gar nichts dagegen. Die hier so vermißte öffentliche
Diskussion der Probleme des real existierenden Sozialis-

mus einschließlich der Suche nach machbaren Lösungen –
das war so ein Glücksgefühl! Und wenn es sich nur halb so
entwickeln würde, würde das schon ganz erheblich zur Lösung des Ausreisproblems beitragen ... Aber man kann die
Ausreiser auch nicht alle in einen Topf schmeißen. Die
Kritik meiner Freunde und Bekannten kann ich gut verstehen, denn ich habe auch darunter gelitten, wenn Freunde
weggegangen sind. Da hatte ich auch noch den festen Entschluß hierzubleiben. Und es ist auch mir oft unangenehm
zu hören, was die Leute drüben, zum Beispiel in Gießen, in
den Interviews sagen. Da fühle ich mich mit meinem Anliegen oft überhaupt nicht vertreten.

*Ja, das finde ich auch traurig. Eigentlich werden sofort die
Klischeevorstellungen des Westens bedient. Ich möchte nie
wieder einen Trabant fahren – das versteht jeder im Westen,
weil das nicht für ein Auto gehalten wird. Ich denke manchmal, sie entfliehen der Vormundschaft des Staates, um sich
der Vormundschaft der »öffentlichen Meinung« auszusetzen.
Der Westen interessiert sich doch eigentlich nicht für den
Osten. Wie kompliziert diese Verstrickungen sind, in die die
Menschen kommen, will doch niemand wissen.*

Ja, zum Beispiel die Vorschläge, die gemacht werden, durch
Finanzspritzen das wirtschaftliche Niveau einigermaßen
anzugleichen, das trifft es eigentlich nicht. Wenn man mir
wirklich glaubhaft erklären würde, daß die von so vielen in
der DDR gewünschten gesellschaftlichen Veränderungen
nur durch Abstriche im Lebensstandard zu ermöglichen
wären, dann wäre ich sofort bereit. Indem ich mich in die
große Zahl der Ausreiser eingereiht habe, trage ich vielleicht letztendlich doch dazu bei, unbedingt anstehende
Veränderungen in unserem Staat erzwingen zu helfen – es
erinnert allerdings an die Kamikazeflieger.

*Die letzte politische Tat sozusagen? – Oft die einzige, lei-
der ...*

Die Republikflucht ist nicht nur Verrat, sie ist auch eine Dummheit. Welcher intelligente Mensch verläßt die stärkeren Bataillone! Die Haupterkenntnis der Beratungen der kommunistischen Parteien zum 40. Revolutionstag in Moskau war die, daß wir heute an der zweiten historischen Wende stehen, nämlich da, wo die Kräfte des sozialistischen Lagers zum ersten Male die des kapitalistischen Restteils der Welt übertreffen. Die sowjetischen Himmelskörper sind Symbol und Beweis dieser Gewichtsverlagerung, die sich von nun an immer schneller vollziehen wird. Diese Gewichtsverlagerung wird noch unterstrichen durch das klägliche Versagen der amerikanischen Raketentechnik und mehr noch durch die unzweideutigen Krisenzeichen der USA-Wirtschaft, die auch vor Westeuropa nicht haltmachen. Wer heute die DDR verläßt, begibt sich aus der sozialen Sicherheit in die Unsicherheit, er begibt sich in die Krise, die so sicher kommt wie das Amen in der Kirche. Wie viele werden im erbarmungslosen Existenzkampf drüben erst begreifen, was sie mit ihrem sicheren Arbeitsplatz ihres volkseigenen Betriebes verloren haben. Wir werden auch in Zukunft aufnehmen, wer zurück will, wie wir jedem, der eine Schuld auf sich geladen hat, den Weg in unsere Gemeinschaft nicht verschließen, aber sie werden sich die Ehre, im ersten deutschen Arbeiter- und Bauern-Staat leben und arbeiten zu dürfen, erst wiedererringen müssen. Die Volkskammer wird dazu heute noch ein Wort zu sagen haben, sie wird vor allem die Mittel und Wege finden müssen, wie die schamlosen Abwerber die ganze Schärfe des Gesetzes trifft.

Und schließlich noch ein Wort: Wieviel innere Kämpfe mögen sich in den Herzen mancher Menschen abgespielt haben, bevor sie sich dazu entschlossen, ihren Arbeitsplatz, ihre Kollegen rechts und links, die Heimat zu verlassen. Ist das so leicht? Können wir uns von der Schuld freisprechen, manche in diesem Kampf allein gelassen zu haben, ihnen nicht die leuchtende Perspektive dieses Jahrhunderts, die wissenschaftlichen und sozialen Triumphe des Sozialismus gezeigt zu haben? Wer diese Perspektive begreift, schätzt sich glücklich, dabeisein zu dürfen. Er verläßt nicht den ersten deutschen Staat des Friedens.

Aus der Berliner Zeitung, 11. Dezember 1957

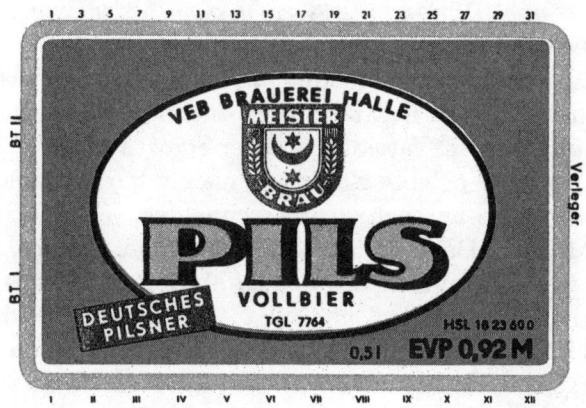

# Michael, 25 Jahre, Berlin

*M. ist 1964 in Thüringen geboren. Er ist in Gotha aufge-*
*wachsen. Nach der Schule arbeitete er in einer Gärtnerei,*
*dann in einem Kulturhaus und in einem Wohnheim als*
*Pförtner. Von 1983 bis 1987 studierte er Gesang an der*
*Musikhochschule in Weimar. Jetzt spielt er in einer freien*
*Theatergruppe mit und trägt sich mit dem Gedanken, die*
*DDR zu verlassen. Einen Ausreiseantrag hat er noch nicht*
*gestellt. M. ist Mulatte, sein Vater und seine Schwester leben*
*in der Bundesrepublik, seine Mutter in der DDR.*

*Fühlst du dich hier eigentlich zu Hause oder hast du das*
*Gefühl, daß dein anderer Teil gar nicht hierher gehört? Du*
*hast ja noch Verbindungen zu deinem Vater und deiner*
*Schwester.*
Also, man muß unterscheiden in DDR-Bürger und Mulatte. Ich möchte gern Erfahrungen machen, und wenn ich
mich mit meinem Vater und meiner Schwester treffe, dann
habe ich diese gelebte Erfahrung noch vor mir. Da fangen
zwei Bereiche an, sich zu überschneiden – DDR-Bürger
und Mulatte. Dann gibt es das Phänomen, daß ich nicht
mehr weiß, warum ich so einen Erfahrungsdruck verspüre.
Liegt es nun daran, daß ich Mulatte bin oder liegt es daran,
daß ich DDR-Bürger bin? Also, ich möchte gern Erfahrungen machen, reisen und so. Ob ich mich zu Hause fühle?
Nee, zu Hause nicht.
*Das liegt aber nicht daran, daß du Mulatte bist?*
Doch, das hat sehr lange Zeit damit zu tun gehabt.
*Hast du schlechte Erfahrungen gemacht in deiner Kindheit,*
*beim Studium?*
Nicht so rum – ich habe nicht beschissene Erfahrungen
gemacht, ich habe auch mal positive Erfahrungen gemacht
und gemerkt, daß das, was ich täglich erlebe, beschissen
ist. Dieses Jahr in Ungarn, wenn ich in Gaststätten kam,

dann bin ich ganz anders angesehen worden. Ja, Blicke in Gaststätten ...! Wenn man in der DDR als Mulatte aufwächst, dann ist man bis zu einem bestimmten Alter eine Attraktion, man ist niedlich. Und dann tritt irgendwann ein völliger Umbruch ein. So in der Zeit, als ich mir meine erste Freundin organisierte. Da gibt es zwischen den Jungen Konkurrenz, man prügelt sich, und wenn man Unterlegener ist, wird man beschimpft. Wenn man schielt, wird man als Schielender beschimpft, und wenn man Mulatte ist, wird man als Neger beschimpft. Das ist eigentlich nicht so schlimm, aber das war der Punkt für mich, an dem ich angefangen habe, das, was um mich herum ist, besser zu beobachten. Meine Mutter hat mir erzählt, daß sie mit mir durch ein Dorf gefahren ist, da haben die Leute mir die Bettdecke weggerissen und sie Hure genannt. Es gibt da noch eine Menge an Erfahrungen. Wir sind auch ein paarmal umgezogen, von einem noch kleineren Ort dann nach Gotha. Das ist mir aber alles nicht mehr so sehr bewußt. Für mich war das mehr ein Spiel. Man hänselt sich, und vor der Schule gibt es Prügel. Mir ist dann nur aufgefallen, daß ich mich besonders oft prügle, aber meine Mutter hat das natürlich sofort mitbekommen.

*Das war nicht wegen deiner Hautfarbe?*

Doch, war es auch. Wenn ich zum Beispiel eine Klasse gewechselt habe, wenn ich irgendwo dazugekommen bin, in eine Sportgruppe oder so, oder wenn sich auf der Straße ein Kind umgedreht und gesagt hat: Mutti, guck mal, da ist ein Neger, dann habe ich sehr früh kapiert, daß das was ganz Schlimmes ist. Aber das war mehr so wie: guck mal, da ist ein Schwein. Mein Vater hat mir mal erzählt, daß er fünf Jahre in der DDR gelebt hat und nicht wußte, was das ist, ein Schwein. Die haben zu ihm gesagt: du bist ein Schwein, und das war für ihn ein Tier, aber es ist nicht als Schimpfwort von ihm begriffen worden. Er hat sogar gelacht, vielleicht. Irgendwann hat er dann mitbekommen, daß es ein

Schimpfwort ist, wie es auch afrikanische gibt, und er hat sich zurückerinnert. Und diesen Punkt gab es für mich auch, so zwischen zwölf und fünfzehn Jahren.

*Daß du dich erinnert hast an die Beschimpfungen in deiner Kindheit?*

Ja. Das war ja schon immer so. Aber dann wurde es auch ein bißchen extrem. Die erste Freundin, die ich hatte, wollte ich besuchen. Das war in Ohrdruf. Ich hab geklingelt, da guckt ein Mann aus dem Fenster, und ich frage nach Silke. Sie kam dann runter und sagte zu mir: wir wollen gerade weg. Viel später hat sie mir erzählt, daß ihr Vater zu ihr gesagt hat: da unten steht so ein Nigger und will zu dir. Ich glaube, das war so ein Vertreter von denen, die sagen: die Russen vergewaltigen unsere Frauen und die Vietnamesen machen sie zu Fidschis. Es gibt einfach eine fehlende Kultur des Umgangs. Das ist, glaube ich, nicht mal eine Frage der Toleranz – die gibt es nirgendwo auf der Welt.

*Man hat ja auch keinen normalen Umgang mit Ausländern. Die Vietnamesen zum Beispiel sind sehr isoliert in ihren Betrieben. Aber trotzdem frage ich mich, wie es zu den Vorurteilen der Leute kommt.*

Ich glaube, daß es in Europa ein tief eingewurzeltes Mißtrauen gibt. Es ist eine abgeschlossene Kultur. Man ist hier nicht von anderen Kulturen durchsetzt worden oder nie in die Lage gebracht worden, sich von anderen Kulturen den Rang ablaufen zu lassen.

*Warum bin ich dann nicht auch so?*

Vielleicht, weil wir in einer Zeit leben, in der der Kampf neu ausgefochten wird. Es gibt eigentlich noch den Kampf um Territorien, bloß daß die nicht mehr an Länder gebunden sind. Der hat sich von Afrika nach Europa verlagert. Vielleicht stehst du in diesen kulturellen Diskursen auf der anderen Seite. Du bist anders erzogen.

*Meine Großmutter hat da aber ganz anders drüber gedacht.*

Mein Großvater selbst hat mal gesagt, er könne Rassenvermischungen nicht ausstehen. Da saß ich daneben.

*Welche Erlebnisse hattest du denn im Studium?*
Als ich im ersten Studienjahr war, hat mir mal einer, wie
man so sagt, die Fresse poliert, weil seine Freundin mit
einem Afrikaner ins Bett gegangen war. Ich trug das Zeichen des Bösen, und da hat er reingeschlagen ins Böse.
Wenn man Musik studiert, verbringt man die meiste Zeit
im Einzelunterricht mit einem Lehrer, und mit dem habe
ich gute Erfahrungen gemacht. Der hat mir auch geholfen.
Ich hatte während des Studiums auch so meine Konflikte,
nicht nur mit Studenten. Zum Beispiel bin ich mal in
Gotha angekommen und wollte ein Taxi haben. Die Taxifahrer nahmen mich alle nicht mit, obwohl ich eine ganze
Zeit anstand. Immer sind die hinter mir drangekommen,
und als der erste Taxifahrer wiederkam, sagte er zu mir:
nein, Sie nehme ich nicht mit. Da schaltete sich eine Oma
ein und sagte: wo wollen Sie denn hin, wir können ja sagen,
daß wir zusammen fahren wollen. Der Taxifahrer wollte
mich trotzdem nicht mitnehmen. Ich hab ihn als Faschi-
sten beschimpft, und da wollte er mich anzeigen. Da hat
mir mein Lehrer geholfen. Der Typ hat mich angezeigt, und
da sind wir vor Gericht. Wir sollten das unter uns schlich-
ten. Ich hab gesagt, wenn er sich entschuldigt, dann ent-
schuldige ich mich auch. Er wollte aber nicht und hat
immer angegeben, daß ich »Faschist« gesagt habe, während er keinen verifizierbaren Ausdruck gegen mich ver-
wandt hätte. Ich hab das alles erklärt, und der Richter hat
mich auch ganz gut verstanden, aber es sollte wohl nicht zu
einer weiteren Verhandlung kommen, denn ich hörte dann
nichts mehr davon. So gibt es tausend kleine Geschichten.
In Weimar ist mir jede Woche so etwas passiert. In den
Gesprächen mit dem Lehrer konnte ich mich abreagieren.
Ich hab ihm aber mal eine Scheibe eingeschmissen, weil ich
so voller Aggressionen war. Ich hab gesagt: ich habe die
Scheibe eingeschlagen, und er hat gesagt: ja gut, ich geb dir
Geld, bring es in Ordnung.

*Unterschwellige Aggressivität hast du wohl eigentlich von Kindheit an?*

Ja. Ich stehe zu sehr im Glashaus. Ich habe gar keine richtige Distanz dazu. Deshalb sage ich, ich habe auch mal positive Erfahrungen gemacht, und da hab ich gemerkt, daß es auch alles ganz anders geht. Die positiven Erfahrungen mache ich mit Afrikanern, und daher kommt auch meine Lust, die mal intensiver zu machen. Beweglicher sein, weglaufen können. Und da fängt für mich DDR an. Ich kann den Platz von Erfahrungen, die für mich keine neuen mehr sind, nicht verlassen. Und dann sind wir beim DDR-Bürger-Gefühl. Neulich hab ich gelesen, die DDR explodiert. Das stimmt nicht. Die DDR implodiert höchstens, das kann sein.

*Erzähl doch etwas über deine Erfahrungen als DDR-Bürger!*

Es gibt für mich noch einen Punkt, der vor dem des DDR-Bürgers liegt. Das ist das, was ich dir eben erzählt habe. Und weil ich diese Erfahrungen gemacht habe, habe ich mich auf eine bestimmte Art und Weise nie auf die DDR einlassen können, auf Institutionen, Parteieintritte, Förderverträge und ähnliches, weil alles auf diesen exotischen Punkt hinauslief. Also wenn du zum Beispiel Musik studierst und dann noch Mulatte bist, dann bist du von vornherein mit dem Stigma behaftet, daß du besonders talentiert sein mußt. Ich war talentiert genug, aber nie so, wie sie es von mir erwartet haben. »Du mußt es im Blut haben« – auch so eine Blut- und Boden-Theorie! . . . Das ist alles viel kleiner und subtiler. In dieser Hinsicht bin ich auch viel empfindlicher, als wenn mir jemand an den Kopf wirft »Neger« oder »Nigger«. Es trifft mich viel mehr, wenn jemand sagt: du mußt es doch haben! Dann frage ich mich: warum? Weil mein Großvater polnischer Katholik ist, der Heimatlieder singt?

*Über die Zukunft soll ich dich ja nicht befragen, aber trotzdem würde mich interessieren, ob du noch Erwartungen hast? Ob du hier noch Möglichkeiten siehst, neue Erfahrungen zu machen?*

Also die gibt es auf alle Fälle. Ob mich diese Möglichkeiten noch interessieren, ist etwas ganz anderes. Ich könnte nächstes Jahr eine Ausbildung als Fotograf machen, aber das interessiert mich nicht mehr, weil ich mich nach anderen Erfahrungshorizonten sehne, die nichts mit meiner Berufsausbildung zu tun haben.

*Und womit haben sie zu tun?*

Ich möchte gern Nomade sein, ich möchte gern gehen. Ich möchte gehen können und zurückkehren können.

*Da bist du nicht der einzige.*

Ich möchte mich nicht erklären müssen. In der DDR mußt du dich ständig erklären, mit dem Vokabular von anderen. Weil die nur ein Vokabular verstehen, das ist ihr eigenes. Es gibt in der Psychologie den Begriff der sensorischen Deprivation. Das ist eine psychische Foltermethode: keine optischen Reize, keine akustischen Reize. Das führt zum Tod. Das ist für mich DDR, die führt wirklich zum Tod. Es gibt keine Reizpunkte mehr oder zu wenig. Das ist auch eine Ursache dafür, daß alle abhauen, Freunde, Bekannte. Das führt auch bei mir zum Tod. Es gibt eigentlich schon einen Prozeß des Sterbens. Man fühlt, daß man so aushöhlt, so alleingelassen ist mit seinen Erfahrungen. Es kommen keine neuen hinzu. Man stößt immer nur auf alte und muß darüber nachdenken. Woran das liegt, darüber haben schon genug andere Leute gesprochen. Das liegt an der Mauer, das liegt an der Ideologie, das liegt an der Politik.

*Nun hast du wohl doch keine Erwartungen mehr?*

Nein, für mich habe ich keine mehr. In der vorigen Woche war ich zum ersten Mal in der Schoppenstube, einer Gaststätte, in die auch viele Schwule gehen. Diese Lokale sind angefüllt mit Suchenden, die durch die Straßen laufen und was suchen.

*Suchen und nicht wissen was?*

Die müssen das nicht wissen, aber sie finden es jedenfalls nicht. Die warten auf Reize und die versuchen sie dort zu bekommen, jeden Abend. Wenn sie sie nicht bekommen, dann trinken sie. Dann ist die Reizschwelle für vierundzwanzig Stunden überschritten. Der Prenzlauer Berg ist voll von Suchenden. Und kurz vorm Exitus haben manche noch die Kraft auszureisen. Das ist bestimmt auch ein Generationsproblem. Leute so zwischen 40 und 50, was weiß ich, die die ganze Sozialismussentimentalität dieses Landes mitbekommen haben, vielleicht auch in einer monolithischeren DDR aufgewachsen sind, als sie es zur Zeit ist, die noch geschlossener war, wo die Utopien noch ungebrochener waren, die dreißig Jahre ihres Lebens hier verbracht haben, die Heimat mit geographischen Symbolen aus der DDR identifizieren, die krank werden, wenn sie außerhalb sind ... kann ich auch ganz gut nachvollziehen. Ich hab so viel Glück, daß ich noch nicht so alt bin und diese Erfahrung noch nicht gemacht habe. Für mich war DDR immer etwas Abwesendes.

*War das eigentlich der Anlaß für dich, darüber nachzudenken, ob du in den Westen gehst, als du vor zwei Jahren nicht zu deinem Vater fahren durftest?*

Ja, das war schon so eine Trotzreaktion auf diesen Satz: wir haben geprüft und ... An diesem Punkt funktioniere ich genauso einfach wie jeder andere auch. Dazu kommen dann noch die persönlichen Schmerzpunkte, wenn jemand ausreist oder nicht mehr reinkommt, oder wenn jemand in den Knast kommt. – Es gibt keinen Satz, mit dem du das Wort »DDR« zusammenfassen kannst, weil sie eben aus 17 Millionen Leuten besteht. Nur in der Distanz ist sie monolithisch, verglichen mit den demokratisch-pluralistischen Staaten. Insofern kann ich auch was dazu sagen und bin kompetent. Und wenn man darüber nachdenkt, muß man auch über die Diktatur DDR nachdenken, die es ja auch ist. Nebenbei, ich gehöre nicht zu den Leuten, die in den

Westen gehen, ich gehöre zu denen, die aus dem Osten weggehen.

Gehn

Die Straße ist gerade und glatt
Auf dem Stadtplan und wenn ich so drüberseh
Wenn ich drauf geh
Fühl ich Kopfsteine unter den Sohlen
Bergundtal, klebrigen Teer
Ich wollte ein Brot und irgendwas holen
Da überfällt mich die Straße von überallher
Und wie das Kind vom Regenbogen
Bin ich um alles betrogen
Um die Ecke Urwald hinter Mauern Meere
Zwischen Straßenschildern Laternen und Gewehre
Überm Bahnhof eine Wolke schwarzgrau in Eile
Ein Schornstein schreibt Zeile für Zeile
Chronik der Stadt in den blauen Dunst
Formeln Farbe Schwarze Kunst
Aus der Halle unten die Raucherzeuger
Die Schornsteinbauer und Wolkenbeuger
Laufen um den Platz in der Straßenbahn.

Aus: Inge Müller (gest. 1966), »Poesialbum«, 1976

## Edeltraud, 41 Jahre, Leipzig

*E. ist 1948 geboren. Sie hat einen fast erwachsenen Sohn.*
*Von Beruf ist sie Krankenschwester, und sie arbeitet seit*
*16 Jahren als Bezirksschwester im Randgebiet von Leipzig.*

*Du arbeitest seit vielen Jahren als Bezirksschwester, be-*
*treust vorwiegend ältere Menschen. Wie siehst du die Situa-*
*tion? Ich höre heraus, daß du auch unzufrieden bist.*
Ich bin eigentlich nicht unzufrieden, aber wir wollen etwas
für die Alten machen. Ich persönlich stehe auf dem Standpunkt, daß die das ganz einfach brauchen und auch haben
sollen, denn sie haben ja eine Menge hinter sich, haben
zwei Kriege hinter sich, haben wieder aufgebaut, haben
Kinder und Männer verloren im Krieg, also sie haben
es verdient, daß sie umsorgt werden. Was mich an den
Verhältnissen im Gesundheitswesen stört, ist, daß man
eigentlich nur mit Eigeninitiative etwas machen kann,
überhaupt, daß zu wenig Unterstützung da ist.
*In deiner ganz konkreten Arbeit, wenn du deine Arbeit*
*ordentlich machen willst?*
Ja, das ist alles Improvisation, ob das Spritzen sind oder
Medikamente.
*Du fährst zu den Leuten nach Hause, versorgst sie?*
Ja, viele sind bettlägerig, die lassen wir so lange wie
möglich zu Hause. Wenn sie ins Heim oder Krankenhaus
müssen, fangen auch die Probleme an, weil wir viel zu wenig
Betten haben, ob nun Heimbetten oder Krankenhaus-
betten.
*Zu wenig?*
Zu wenig. Im Heim ist zu wenig Personal, die haben zwar
Betten, aber kein Personal, weil sich zu wenig Leute finden.
Das ist nicht nur national, sondern auch international ein
Problem, daß sich jüngere Leute kaum mit den Alten be-
schäftigen wollen. Das ist ihnen unangenehm, kann man

ruhig so sagen ... Dann versuchen wir viel Soziales zu machen, indem wir Wohnungen verändern, zum Beispiel renoviert haben wollen, oder Veränderungen überhaupt ... wenn die Wohnung zu groß ist, daß man altersgerechten Wohnraum besorgt. Ist alles am Anfang, alles noch viel zu wenig. Die Leute, die jetzt noch dazukommen, die müssen jetzt wieder fünf Jahre warten, bis das nächste aufgebaut ist.

*Das ist ja für einen alten Menschen unter Umständen zu lange.*

Ja. – Auch so, jede von den Kolleginnen ist echt bemüht, was zu machen, ich bin da nicht die einzige, und die Zusammenarbeit klappt gut ... wenn sie auch selbst den Ofen heizen müssen, die machen das, finden das selbstverständlich ... Unzufrieden? Wir werden gefragt, wie die Arbeitsbedingungen zu verbessern sind, und da kommt das Thema auf das Auto, weil es wirklich eine Erleichterung ist. Man kommt besser vorwärts. Hast ja nicht nur deine Tasche zu tragen, schleppst ja Verbandszeug kiloweise, Zellstoff und Spritzen usw. ... Da führt überhaupt kein Weg rein. So benutzt jede das Privatauto. Und dann gibt es öfter kein Verbandszeug, sterile Tupfer usw. Da gibt es Hygienevorschriften, die du eigentlich gar nicht einhalten kannst, weil du gar nicht das Material dazu hast.

*Woran liegt das? Liegt das an der Organisation oder ist das einfach nicht da?*

An unserer Organisation liegt das nicht, sondern das gibt es dann in der ganzen DDR nicht ... Genauso mit dem Spritzenmaterial ... von Wegwerfspritzen wollen wir gar nicht reden!

*Warum?*

Ist ein Erdölprodukt, kostet Devisen, können sie nicht bezahlen. Neuerdings sind sie auf den Dreh gekommen: denkt doch mal an die Entsorgung. Da ist was dran, das ist das einzige, was ich als Grund akzeptiere. Darüber habe ich mich eigentlich gefreut, daß die auch mal daran denken. Und das sehe ich ein, und dann mache ich das auch gut und gerne so weiter, so primitiv mit Sterilisieren und Desinfizieren usw.

*Macht mehr Arbeit?*

Ja. Ist ja auch eine alte Sache, und wir haben das schon immer so gemacht, seh ich auch ein. Aber dieses andere Zeug, das sie uns erzählt haben ... Und dann die sterilen Tupfer, die es nicht gibt ... Laß mal was passieren. Mir ist glücklicherweise noch nichts passiert, Spritzenabszeß usw. ...

*Das ist dann wieder deine Verantwortung, wenn was passiert?*

Wie alles andere auch. Weil du alleine arbeitest, hast du die volle Verantwortung. Mußt du eben zusehen, daß du Einwegmaterial bekommst. Das kriege ich zum Glück von drüben geschickt.

*Also du besorgst dir dein Zeug selber?*

Ja, so macht das jeder. Patienten werden angesprochen, die rüberfahren, die kriegen dann so Rezepte, da steht nur der Name des Arztes drauf, kein Nummernstempel und kein Einrichtungsstempel. Damit können sie dann rübergehen und Insulinspritzen usw. holen.

*Meinst du nicht, daß dann der Staat schon regelrecht damit rechnet, daß die Leute das auf diese Weise machen?*

Ja, natürlich! Um sich eine Erleichterung zu verschaffen, um mehr zu haben an Kanülen. Die anderen Kanülen – das ist so ein schlechtes Material, wenn du die ein paarmal gesäubert hast, sterilisiert hast, mußt du sie weghauen. Es führt kein Weg rein, was anderes zu bekommen. Also, ich würde sagen, die rechnen damit! Es machen so viele so. Ich habe gehört, daß sie nicht mehr fünfzig geben, sondern nur noch zwanzig, dort ...

*Also drüben die rationieren?*

Ja, da ist eine Stelle, wo Ostler das bekommen, sonst müßten sie das auch bezahlen ... das ist auch ganz klar ...

*Du sagst, die Leute wollen nicht arbeiten, lassen sich oft krankschreiben. Was denkst du, woran das liegt?*
Ja, ich kann mir das vorstellen. Es ist im Prinzip die allgemeine Unzufriedenheit, ob das am Arbeitsplatz ist – und das kann ich wirklich verstehen – oder im allgemeinen ... wenn sie in die Kaufhalle gehen und nichts kriegen ... Das kann ich mir vorstellen, also die sind so sauer ... Also bei mir ist das nicht so, ich habe ja diese Unzufriedenheit nicht.
*Du machst auch deine Arbeit gerne?*
Ich arbeite ja auch alleine. Ich habe niemand, der mir was vorschreibt. Das ist der Punkt.
*Du hast auch einen großen Sohn, hattest auch Probleme, als er sich die Haare färbte, und mit seinem Gruftidasein ... Es drückt sich darin ja auch ein bestimmtes Lebensgefühl aus.*
Bei meinem ist das eine totale Hilflosigkeit, daß er gar nicht weiß, wo er steht ... Für Jugendliche, kann ich mir vorstellen, kommen auch unheimlich viele Probleme. Auf der einen Seite so und auf der anderen so, was sie sehen, was sie hören ... daß sie damit nicht zurechtkommen ...
*Auf mich wirkt das sehr resigniert, traurig, eigentlich fast abgewandt vom Leben.*
Ja, ich hatte manchmal richtig Angst. Man könnte ja denken: ach, das ist nur das Äußere. Aber dann habe ich manchmal so Angst gehabt: hoffentlich vertieft sich das nicht irgendwie, daß es so bleibt ...
*Es ist ja auch eine große Lustlosigkeit da bei Jugendlichen.*
Ja ... auch, die überhaupt zu motivieren ...
*Wie siehst du, daß es hier weitergeht?*
... Ich kann mir vorstellen, daß jeder wirklich mehr leisten müßte und nicht diese Null-Bock-Stimmung oder zum Arzt gehen. Jeder müßte das leisten, wozu er fähig ist ... so, und dann müßte dementsprechend was dabei rauskommen.
*Du meinst, das kann man hier nicht?*
Natürlich können die das alle, bloß dabei muß was rauskommen für den einzelnen.

*Hier kommt nichts für den einzelnen dabei raus?*
Nein, woher denn? Wann denn? Später ja, wenn sich das alles mal ändert!
*Was ist denn für dich wichtig, was ist das, dieses Rauskommen? Mehr Geld? Mehr Möglichkeiten?*
Na, mehr mit dem Geld anfangen können . . .
*Aber Geld ist doch nicht alles, was man im Leben haben möchte.*
Nein, also, ich habe Angst davor, hier mal krank zu werden.
*Warum? Weil du das Gesundheitswesen kennst?*
Ja, wirklich!
*Du meinst, daß es sehr mangelhaft ist, unser Gesundheitswesen?*
Ja, es ist deprimierend für Menschen . . . Wir wurden aufgefordert, sozialistische Hilfe im Altersheim zu machen, denn die haben kein Personal . . . dort am Wochenende zu helfen. Das Personal, was da ist, die sagen, es ist zu wenig Geld, und das ist ja wirklich eine Knochenarbeit . . . Die Alten windeln und aus dem Dreck ziehen, und dann wollen sie auch gebadet werden, so daß eine Beschäftigung mit den Alten, wie sie auch vorgeschrieben ist, nicht drin ist. Wenn es nicht so klappt und die Leute nicht kommen wollen, sagen sie, die Bezirksschwestern können ruhig kommen, wir nehmen ihnen ja schließlich die Patienten ab. Das finde ich unmöglich! Und wenn ich dann höre, daß es Stationen und Betten gibt nur für Devisen . . . Das wird uns ja auch im Gesundheitswesen bewiesen, daß wir Menschen zweiter Klasse sind . . . Es ist uns offiziell gesagt worden, daß es Betten gibt, nur für Devisen, weil wir die brauchen, denn das Gesundheitswesen als solches schafft ja sonst keine Devisen, und diese braucht ja der Staat . . . Und deshalb habe ich echt Angst, ich möchte nicht krank werden. Also, ich möchte nicht alt werden . . .
*Alt möchtest du auch nicht werden?*
Nein, hier nicht, lieber nicht! Weiß ich denn, was die Ju-

gend mit uns später macht, so unmenschlich, wie alles so wird?

*Meinst du, daß die Jugend unmenschlich ist?*

Wird sie immer mehr!

*(Der Sohn kommt ins Zimmer, Frage an ihn:) Wird die Jugend unmenschlich? Deine Mutter sagt das. Sie hätte Angst, alt zu werden, weil sie denkt, sie würde nicht versorgt werden von den Jüngeren.*

*(Sohn:)* Mag schon was dran sein, weil keiner mehr Bock hat, die Alten zu pflegen.

*Und warum hat keiner mehr dazu Bock? Ich meine, das ist doch eine ganz sinnvolle Arbeit, anderen zu helfen.*

*(Mutter zum Sohn:)* Na, wir haben uns letztens unterhalten, du willst nicht mit der Waffe dorthin gehen. Und wenn sie jetzt hier so einen sozialen Friedensdienst einrichten würden ...

*(Sohn:)* Ja, da würde ich hingehen. Und vor allem ist das ein nutzvoller Job, möchte ich mal sagen.

*(Mutter:)* Na, siehst du, da hast du doch eine andere Meinung. Das wäre auch nicht schlecht, um männliches Pflegepersonal zu bekommen. Denn so kennen sie ja gar nicht das Problem. In dieser Zeit gewinnt man vielleicht sogar welche.

*Was meinst du, woher kommt diese resignative Stimmung in der Jugend?*

Vielleicht kommt das daher, daß man ihnen zuviel vorschreibt, daß sie nichts Eigenes machen können. Woher sollen dann Ideen kommen? Das muß ja auch geübt sein, daß man Ideen hat. Eigene Ideen haben, das ist gar nicht mal so einfach ... weil man auch keine Anreize hat, die überhaupt zu entwickeln. Ich persönlich habe doch auch weiter nichts außer meinem Garten. Ich wüßte auch nichts ... Weil das eben sowieso alles eingeschränkt ist, von vornherein, und da schrumpft das alles so zusammen ... diese Vorstellungskraft ...

*Weil so etwas wachsen muß?*
Ja, denn alles ist nur Routine, was du machst ... Diese
Ideen, das läßt alles nach, und dann wirst du müde, über-
haupt darüber nachzudenken ...

# Die Ausgrenzung nicht zulassen

*Über ihren Weggang aus der DDR, ihr heutiges Verhältnis zu ihr und ihre Hoffnungen für die Zukunft der DDR sprachen miteinander Ralf Hirsch, als Mitglied der »Initiative Frieden und Menschenrechte« im Februar 1988 in der Untersuchungshaft ausgebürgert, und Jürgen Fuchs, Ende 1976 im Zusammenhang mit den Protesten gegen die Ausbürgerung Wolf Biermanns verhaftet und nach neunmonatiger Untersuchungshaft 1977 nach Westberlin entlassen.*

*Ralf:* Als ich gegangen wurde, gegangen bin, hatte ich in dieser Phase nicht viel Zeit für Empfindungen. Ich saß auf einmal hier, ich wußte nicht, wie es weitergeht. Ich hatte mich – vielleicht war das naiv – im Vorfeld, also noch in der DDR, nicht mit dieser Situation, daß ich mal im Westen sein könnte, auseinandergesetzt. Als ich hier war, war es zu spät, sich mit dieser Frage, mit Empfindungen zu beschäftigen. Ich mußte sehen, wie es mit mir hier weitergeht, auch in einer Geschwindigkeit, die mir erst heute richtig bewußt wird. Was mich auch sehr beschäftigt hat in dieser Zeit, wo ich auch noch hier sehr unsicher war, das war diese Diskussion im Anschluß. Ich war kaum hier, konnte es selbst noch nicht richtig fassen, was geschehen war, hatte kaum Erklärungen. Ich fragte mich natürlich auch selbst: warum hast du unterschrieben, warum ging das alles so schnell? Und dann diese Diskussion in der DDR, diese Schuldfrage. Natürlich sind wir auch schwach geworden, haben vielleicht Fehler gemacht, aber die Diskussion, dieser Vorwurf hat mich sehr getroffen, hat gekränkt und beleidigt.
*Jürgen:* Was ich nicht akzeptieren würde, ist dieses »schwach geworden«. Es ist dein Recht, es so zu sagen. Und andere haben das Recht, zu beurteilen von außen. Ich sehe es anders. Für euch war es sehr schwer, eigene Entschei-

dungen zu treffen. Ihr wolltet bleiben, ganz klar. Ich 76/77
auch. Wir haben uns gewehrt gegen ihre Pläne und Ab-
transporte. So wie andere sich wehren gegen das Einsper-
ren und Nicht-Rauslassen. Wir wollten raus aus dem Knast
und zurück nach Ostberlin. Nun, es hat nicht geklappt. Ist
das so schlimm, daß man sich mal nicht durchsetzen kann
gegen diese Apparate? Daß man ausweichen muß, sich
zurückziehen, das Land wechseln? Ich möchte diese Überlegungen reinbringen, Ralf. Ein paar Dimensionen mehr.
Das ist dann auch weg von diesem Entweder-Oder. Es gibt
meist mehrere authentische Wege, die den »inneren Kurs«
halten, die nicht verraten oder aufgeben. Die sich einer
Situation stellen. Nun, heute haben wir 89, einiges ist los in
der Welt. Man kann nicht sagen, daß unsere Gegner sehr
gut im Rennen liegen. Der Stalinismus ist ziemlich ange-
schlagen. Sie haben nicht gewonnen.

*Ralf:* Also, wenn ich jetzt hier sitze, im Westen, und sehe die
Entwicklungen in Ungarn, Polen, der Sowjetunion und sehe
zugleich die Entwicklung in der DDR, dann kommt mir
dort alles so klein vor, so unwesentlich. Auch immer wieder
die Frage: warum da nicht, warum so wenige, es sind doch
dieselben Ursachen, dieselben Erscheinungen, die die Menschen quälten. Und weil sich dort kaum etwas bewegt, wird
die DDR für viele auch schnell uninteressant, und viele
sagen sich: das soll Vergangenheit sein, also ihr Leben in
der DDR. Wäre meine Entwicklung in der DDR etwas
anders verlaufen, etwa wie bei vielen, die ausgereist sind,
würde ich vielleicht genauso denken.

*Jürgen:* Ich kann vollkommen nachvollziehen, was du sagst,
Ralf. Aus dem Abstand der Jahre, aus vielen Beobachtungen hier, kann ich noch einiges hinzufügen. Entscheidend
ist: wie findet die Trennung statt? Und wenn man diese
deutsch-deutschen Verhältnisse beobachtet oder selbst
durchlebt, muß man sagen: diese Trennungen sind oft
gewalttätig, anders kann ich das nicht nennen. In der Be-

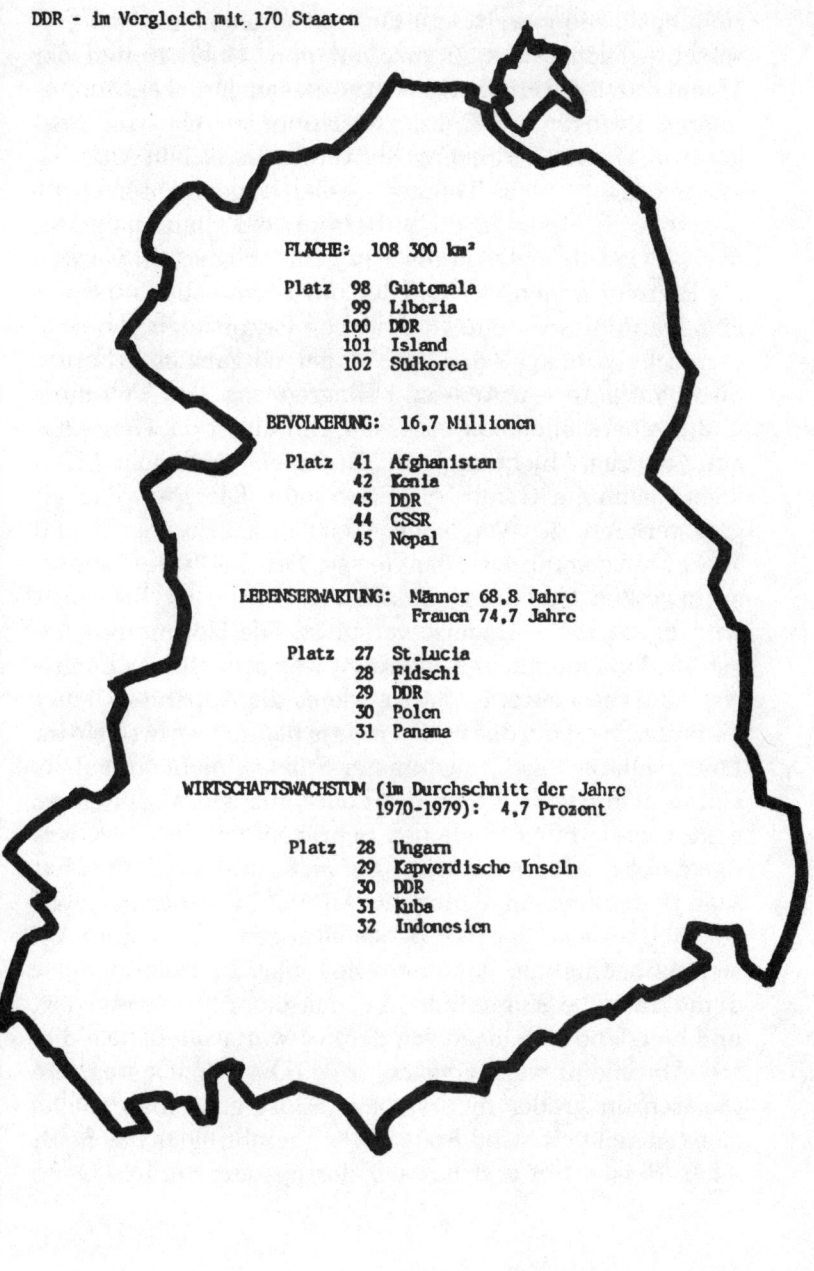

DDR - im Vergleich mit 170 Staaten

FLÄCHE:  108 300 km²

Platz  98  Guatemala
       99  Liberia
      100  DDR
      101  Island
      102  Südkorea

BEVÖLKERUNG:  16,7 Millionen

Platz  41  Afghanistan
       42  Kenia
       43  DDR
       44  CSSR
       45  Nepal

LEBENSERWARTUNG:  Männer 68,8 Jahre
                  Frauen 74,7 Jahre

Platz  27  St.Lucia
       28  Fidschi
       29  DDR
       30  Polen
       31  Panama

WIRTSCHAFTSWACHSTUM (im Durchschnitt der Jahre
                    1970-1979):  4,7 Prozent

Platz  28  Ungarn
       29  Kapverdische Inseln
       30  DDR
       31  Kuba
       32  Indonesien

ziehungsebene gewalttätig. Das hat offenbar mit der Geschichte auch etwas zu tun, mit dem Übernehmen der Macht durch die Hitler-SS-Partei, diesem Drücken, Uniformieren, Zwingen und Bekriegen, Ermorden, Ein- und Ausgrenzen. Dann, als Ergebnis des verbrecherischen Angriffskrieges, die deutsche Teilung. Im Ostteil versuchten es die deutschen Stalinisten, die selber viel Leid erfahren hatten, oder – wie Ulbricht – in der Sowjetunion geschult wurden als Parteityrannen, als GPUler mit sächsischer Aussprache. Dann dieses deutsch-deutsche Rivalisieren, der ökonomische Druck, all das. Die Mauer, da ganz eingebettet, diese Variante von Aus- und Eingrenzung, von Trennung und Bleibenwollen bzw. -müssen. Gewalt ist da, Genehmigung, Antrag, Ablehnung, Amt, Stempel, Büros, auch MPis, kleine schmale Gänge, Schäferhunde. Die Freiwilligkeit ging verloren, das Vertrauen. Wenn das verlorengeht und Macht hinzukommt, ist das Gewalt, Druck. Wie im kleinen, so im großen. Und das wirkt sich alles zentral aus, bis heute. Und heute, siehe Ungarn, verstärkt. Die Hoffnungsreserven sind aufgebraucht, man rennt weg. Ein kleines Loch – weg sind die Leute. Es ist so, wie es die Apparate-Diener befürchteten. Und das mußten sie ja befürchten, weil sie ihr Drangsalieren, ihr Hausmeister-Spielen nicht aufgaben. China nein danke, sagen die Leute, nix wie weg, Reform geht sowieso nicht in kleinen Schritten, und bei dem, was da ansteht, will ich meinen Kopf nicht hinhalten. Den hat man ja ziemlich lange hingehalten. Ralf, ich sage das, weil solche Überlegungen und Beobachtungen nach meiner Ansicht unbedingt dazugehören. Die Linke, die Reformer, der demokratische Widerstand muß das alles reflektieren, dort und hier. Und sich lösen von dem vorwurfsvollen, beleidigten Abwinken: wieder welche weg. Die stürzen weg, die meisten, in großer innerer Not. Sonst geht man solche Risiken nicht ein. Und Freiwilligkeit reinbringen, das heißt auch, Reisen hin und her, wir dorthin und zurück. Denn

das, Ralf, ist wieder zentral: dieses Aussperren nach der
Ausbürgerung bzw. dem Ausreisen, daß du lange nicht
mehr rein kommst. Du sollst fühlen, was das ist, raus zu
sein. Wieder das Drücken und Operieren mit Ausgrenzung,
nur umgekehrt. Wieder die erzieherische, strafende Anma-
ßung. Und das macht dann Abschied, Ankunft und das
Danach so hart. Viele wenden sich ab, weil sie das Hoffen
auf das Wiedersehen nicht durchhalten. Weil sie nicht
ständig leiden wollen. Dann werden die Verbindungen ge-
kappt. Das ist das Schlimme. Andere hier, aus anderen
Ländern, die erleben etwas anderes. Viele, die meisten,
können nach Hause reisen, wenn sie auch hier arbeiten.
Auch die Chilenen dürfen wieder zurück! Und wir? Das,
finde ich, muß man viel mehr thematisieren. Es ist ein
fortgesetzter Kalter Krieg auf der Beziehungs- und Reise-
ebene, für alle Beteiligten. Auch für die Freunde und Verwandten dort. Warum solltest du nicht Flugblätter verteilen am Alex im Jahre 89, zum Beispiel »Ökologische
Zusammenarbeit auf allen Gebieten!« Oder ein Lied von
Wolf Biermann . . . Warum nicht? Warum eigentlich nicht?
Und diese Gewalt meine ich, die von Leuten ausgeht, deren
Namen bekannt sind. Und von einem Apparat, wo nicht
alle Namen bekannt sind.

*Ralf:* Daß es einzelne gibt, die sich für die Gruppen in der
DDR interessieren, das ist bekannt. Aber ich erlebe hier
eine Arroganz gegenüber den DDR-Bürgern, gegenüber den
DDR-Gruppen, auch mir gegenüber, in der SPD. Eine Arroganz in der Form, daß die Grundhaltung bei vielen, bei Bahr
zum Beispiel, vorhanden ist: wir wissen schon, wie wir mit
der DDR umgehen müssen, wir wissen, wie wir mit ihnen
sprechen müssen, wir wissen, wo die Probleme liegen, dafür
müssen wir nicht mit den Menschen, mit den Gruppen in
der DDR sprechen. Wenn ich sie erlebe, dann habe ich oft
den Eindruck, als wenn sie erst vor einer Woche in den
Westen gekommen sind, als wenn sie die Hälfte ihres Le-

bens dort gelebt, dort ihre Erfahrungen gesammelt hätten. Diese Ablehnung, mit Menschen zu sprechen, die dort im täglichen Leben ihre Erfahrungen sammeln, die nicht ausreisen wollen, die dort leben und verändern wollen ...

*Jürgen:* Diese Öffentlichkeit ist bunt, hat viele Seiten, auch gute. Wir sollten viel diskutieren, uns streiten, aber nicht beleidigt sein. Dieses Besser-Wissen über den Osten, das ist weit verbreitet, diese ständige Stellvertreter-Rolle. »Ständige Vertretung« heißt ja das Gebäude, eine tolle Wortkombination. So ein Verhalten kann man auch bei der SPD antreffen, klar, auch bei »Aktion Sühnezeichen« zum Beispiel. Aber es gibt auch Leute wie Freimut Duve, der in Chile für Demokratie eintritt, in die Gefängnisse geht. Und der auch schon an der Friedrichstraße stand und nicht reingelassen wurde von den ordentlichen Herren. Oder Thomas Meyer, Strasser, die waren immer solidarisch und haben ernsthaft diskutiert. Und Petra Kelly, Gert Bastian, ohne die Grünen, ihre politische und, bei einzelnen, menschliche Ausstrahlung wäre viel weniger erreicht worden in der DDR. Dazu zähle ich auch die Zusammenarbeit, die von den Genannten eingegangen wurde, mit uns, mit den Ausgebürgerten und Ausgesperrten. Andererseits: Wenn man solche verstockten Verhältnisse hat wie in der DDR, ist natürlich jeder, der laut redet, erst mal im Vorteil. Streitkultur, Dialog mit allen, das ist doch gut. Natürlich merkt man im Gespräch, und wenn's an die Entscheidungen geht, mit wem man es zu tun hat. Und die SPD hatte und hat es bei diesem SED-Politbüro eben mit sehr harten, stalinistischen, unduldsamen Leuten zu tun. Das zu erkennen und die Erkenntnis auszusprechen, wie bei Erhard Eppler heute, finde ich ebenfalls wichtig. Und die Reps zu durchschauen, die Gefahr des neu verpackten nationalistischen Ordnungsdenkens, des rechten Zugriffs.

Die Reibung, die wir jetzt beschreiben, ist auch ein Lebenselixier, bringt ins Freie, kann dorthin führen. Weißt du,

als ich rüberkam 77 und die Versammlungen des Schrift-
stellerverbandes erlebte, da merkte ich, daß ich nicht gelernt hatte, frei zu sprechen vor vielen Leuten. Ich bekam
Schweißausbrüche. Habe dann schon geredet, die haben es
vielleicht gar nicht bemerkt. Aber ich habe es gemerkt.
Praxis in Demokratie fehlte mir! Es waren welche im Saal,
die waren gegen mich. Das auszuhalten, zu argumentieren,
die eigenen Gedanken locker weiterzuentwickeln, auch das
ist schwer. Solche offenen Situationen, da ist Konfliktfähig-
keit nötig. Die hatte ich nicht. Natürlich, wenn man aus
dem Knast kommt und aus politischer Haft und welche
hört, die sagen, das stimmt alles nicht, da muß man nicht
ganz und gar ruhig bleiben. Ich meine nicht cool, weißt du,
sondern konfliktfähig. Weitermachen, nicht beleidigt ab-
brechen: das.
*Ralf:* Diese Widersprüche auch zu benennen, diese auch
unseren Freunden in der DDR aufzuzeigen, damit sie sich
keine falschen Hoffnungen machen, das halte ich trotz
allem für wichtig. Ich will eigentlich nur sagen: eine aktive
Unterstützung von politischen Gremien hier im Westen
können unsere Freunde in der DDR nicht erwarten. Sie
müssen sich darauf einstellen, daß alles nur sie selbst in die
Hand nehmen können und müssen.
Was mir hier auch noch sehr aufgefallen ist: unsere Schere,
die wir in der DDR schon in unseren Köpfen haben, wenn
es um Öffentlichkeit geht zum Beispiel. Wir haben es nicht
gelernt, andere Meinungen zu akzeptieren, sie auch im
Raum stehen zu lassen oder unsere Meinung auch entge-
genzusetzen. Die ganze Frage der öffentlichen Auseinandersetzung ... in den Gruppen wird ja schon teilweise Parteidisziplin gefordert. Das ist jetzt etwas überspitzt gesagt,
was ich eigentlich damit meine, ist, daß ich erst hier erlebt
habe, was alles ganz normal sein kann, also auch an unterschiedlichsten Meinungen in der öffentlichen Auseinandersetzung. Hier, denke ich, gibt es in der DDR einen
großen Nachholbedarf, wenn man das so sagen kann.

*Jürgen:* Das hängt aber auch mit der Zensur zusammen, daß man immer wieder Verbote hat, nicht richtig in die Öffentlichkeit kann, oder auch die Strafandrohungen ... Also um Gottes willen kein Video herstellen oder das und das nicht. Es bekommt in der DDR auch so eine Überbedeutung, weil es fast immer gleich eine existentielle Bedeutung hat.

*Ralf:* Ich meine auch das Denken, daß man sich mit Öffentlichkeit meist schade, daß man der Bewegung schade, oder daß einer, sollte er sich mal in die Öffentlichkeit wagen, sehr schnell als profilierungssüchtig hingestellt wird, also immer wieder der Versuch einer gewissen Parteidisziplin. Aber zum andern will man keine Partei darstellen, lehnt man dies ab. Aber das fällt mir auch erst richtig auf, nachdem ich in Ungarn, aber auch in Prag erlebt habe, daß sie da mit diesen Sachen viel lockerer umgehen, ihre Anliegen an Inhalten und nicht an Formen festmachen. Was auch schmerzhaft zu erleben ist: daß die DDR-Gruppen in den osteuropäischen Ländern fast belächelt werden. Gut, man weiß Bescheid über die Möglichkeiten der Stasi, über das deutsch-deutsche Dilemma, in dem die Gruppen auch stecken, also die Abwanderung, aber trotzdem fragen sie immer wieder nach den Inhalten der Gruppen, auch nach der übergreifenden Solidarität.

*Jürgen:* Was ich beobachtet habe – das will ich erst mal nicht politisch gewichten – ist zum Beispiel: Durch diese deutsche Teilung, durch dieses enorme Hineingehen in die Familienstrukturen, spielt sehr eine Rolle, ob ich Besuche machen kann, auch von hier aus gesehen. Was ist mit dem Transit? Wer vielleicht mutig wird, muß sich überlegen, ob er noch länger Transit fahren kann, ob er seine Familie vielleicht nicht wiedersehen kann. Es ist eben anders als vielleicht bei den Polen, die meist auch ihre Familie da haben, reisen können. Eine ganze Stadt, die im Transit immer hin und her fahren muß, und dann kontrolliert wird –

da entstehen andere Vorsichten, andere Rücksichtnahmen, die teilweise auch nicht mal ausgesprochen werden, die so unterhalb der Ebene sind. Wir werden vom Transit ausgegrenzt, da haben wir es ja relativ gut, wir haben so eine Sicherheit. Andere überlegen sich: wenn ich meinen Ausweis hinzeige, was kommt jetzt, habe ich dann Schwierigkeiten? Also eine relativ umfassende Erpreßbarkeit. Das hat immer wieder mit der Teilung zu tun, mit dem Abgrenzen.

*Ralf:* Dann stimmst du mir eigentlich zu, wenn ich das sage, was hier viele bestreiten, daß die DDR auch noch Jahre nach der Übersiedlung in den Kopf hineinwirkt, Verhaltensregeln beeinflußt.

*Jürgen:* Ja, so würde ich das auch sehen. Wir sehen ja auch immer wieder die Wirkung, auch bei Journalisten, wir sehen es, daß die DDR in den Überlegungen immer mit vorhanden ist, immer mit der Überlegung: was schadet mir, was schadet anderen, was geschieht jetzt? Das ist ein ganz differenziertes System, im Grunde, des politischen Terrors. Ich sage das mal so hart: des politischen Terrors. »Das kann ich jetzt nicht tun, das kann ich jetzt nicht sagen.« Und das wirkt über viele Jahre und ist eine Quasi-Kriegsstruktur in Europa, wie jedes terroristische System so wirkt, wie jede Grenzziehung so wirkt. Das ist eben noch immer Kalter Krieg. Der soll ja nun auch hoffentlich überwunden werden, mit Hilfe von Großmächten vielleicht?! Und davon haben die Bewohner dort, und, sagen wir, auch in der Bezugnahme von hier zu dort, relativ viel mitbekommen, in die Nerven, in die Knochen reinbekommen, und das ist für mich eine Auswirkung davon. Und die ganzen Konflikte, die wir beschreiben, sind daher unverzichtbar, denn sie sägen daran. Wir müssen uns damit beschäftigen und darüber sprechen, um sie zu lösen.

*Ralf:* Ich habe hier gelernt: jeder darf und jeder muß für sich sprechen. Diese Zensur im Kopf, diesen Versuch, immer eine einheitliche Meinung nach außen zu tragen, würde ich heute ablehnen. Die Vielfalt der Meinungen, die Diskussion darüber hilft weiter, nicht das Zurückstecken. Ich würde also viel mehr darauf drängen, daß sich jeder frei äußert und wir die DDR-Schere im Kopf auch erst mal selbst abbauen müssen. Das, was wir gefordert haben oder was die Gruppen noch fordern, müssen wir auch selbst praktizieren. Wie vielfältig die Diskussion sein kann, das habe ich erst hier erlebt. Es muß die anerzogene Selbstzensur durchbrochen werden. Ich denke hier auch wieder an Ungarn. Wie vielschichtig die Standpunkte in den Gruppen dort sind, das wünsche ich mir eigentlich auch für die Gruppen in der DDR. Daß dies in der DDR generell fehlt, zeigt sich immer wieder bei denen, die aus der DDR hierher kommen. Fragst du sie, warum sie ausgereist sind, gibt es nur die Schlagworte »Reisen«, »Freiheit«. Was diese Worte füllen, können sie nicht benennen, was sie in der DDR vielleicht nicht mehr erträglich fanden, können sie nicht in Worten wiedergeben. Also, was ich damit sagen will: wir haben es in der DDR nicht gelernt, uns zu äußern, das, was bedrückt, auch in Worten zu sagen. Und das hängt natürlich auch damit zusammen, daß es kein Übungsfeld für eine Auseinandersetzung gibt. Auch in den Gruppen ist dieses Problem ähnlich vorhanden.

*Jürgen:* Weißt du, Ralf, ich dachte, als ich in der DDR lebte, zu sehr daran, daß alles bleibt, wie es ist. Ich konnte mir, würde ich jetzt sagen, nichts anderes vorstellen. Das hätte ich 75 in Grünheide ganz anders gesehen, klar. Aber von heute her sage ich es. Und heute denke ich: es wird sich viel ändern. Wie in Polen und Ungarn, wie in Moskau. Bald, sehr bald. Sind wir darauf wirklich vorbereitet? Dann beginnen erst die Probleme und Gefahren. Auch die Chancen natürlich. Bald, denke ich, wird manches durcheinandergehen. Die geschlossenen Gesellschaften haben eben keine Zukunft. Dann ist diese Ruhe weg, diese Stille. Dann kommen die Begegnungen. Ob die, bei offenen Grenzen, immer nur angenehm abgehen werden? Wir zu Gast im Prenzlauer Berg, oder nicht nur »zu Gast«? Oje! Umgekehrte Varianten, die Ankunft hier kennen wir ja schon eher.

*Ralf:* Wir sprachen schon oft vom Lernen, und auch das müssen wir erlernen, und nicht erst bei offenen Grenzen, heute, jetzt. Wir sind gerade dabei, wir sind dabei, unsere Erfahrungen, unsere Gefühle unseren Freunden in der DDR mitzuteilen. Wenn dieses Gespräch, das wir jetzt führen, abgeschrieben ist, in die DDR gelangt und unsere Freunde es lesen können, dann ist das der erste Schritt, die Aus- und Abgrenzung zu durchbrechen, trotz Mauer, trotz Einreiseverboten. Dies muß normal werden, so normal, wie wir bereits Meinungen unserer Freunde hier in den Medien lesen können. So normal muß es auch werden, so könnten unsere Ansichten, Erfahrungen den Dialog sicherlich nur bereichern. Uns auch wieder einbeziehen, alle, die gegangen sind und denen die DDR, die Menschen in der DDR nicht gleichgültig sind. Wir sind also dabei, die Ausgrenzung zu überwinden. Wenn dies nicht machbar ist, wenn wir dies nicht schaffen, also im Gespräch zu bleiben, dann sind wir, wenn die Zeit zur Wiedereinreise da ist, Fremde.

*Jürgen:* Man flüchtet in der Mehrzahl vor diesen DDR-Verhältnissen, es ist ein Nein dazu. Ob es einem paßt oder nicht, daß so viele diesen Weg wählen: Es ist ihre Entscheidung, sie ist zu respektieren. Wenn man sieht, die jungen Familien, kleine Kinder, das Betreuen, Verabreden, in große Risiken reingehen – wann war das schon mal »leichtfertig« oder »einfach so« in der Geschichte. Zum Beispiel das Auswandern nach Amerika, weg aus preußischen, dumpfen Verhältnissen. Marx und Engels gingen nach England. Schon vergessen? Ich frage da etwas aggressiv – diese Appelle ständig, dieses Machen eines schlechten Gewissens: Bleibt im Lande, was wird aus uns usw. Völlig verständlich, auch richtig natürlich, daß Bleiben nützen kann.

Ich sage: kann! Hier aber wieder die Freiwilligkeit rauszu-
nehmen, davon zu reden, daß die nicht wichtig sind, die
wegwollen, dafür aber die, die im Lande bleiben und für
Reformen eintreten ... Ralf, wenn dies so weitergeht mit
diesem drohenden, abkanzelnden Unterton, dann verliert
eine demokratische Opposition ihren Anspruch. Als Ana-
lyse würde ich zusammenfassen: Man kommt aus Zuständen, die dieses Wegrennen nahelegen. Es geht nicht nur um
Reisefreiheit, sondern man ist einfach erschöpft und fertig
durch diese ständige Einkreisung. China vor Augen – im
Fernsehen wurde es oft genug vorgeführt. »Das machen wir
mit euch« ist die Botschaft der Partei. Natürlich fliehen
dann viele, wenn sie können. Die Verhältnisse, auch im
Blick auf China, sind brutaler geworden. Von der Drohung
her, vom aggressiven Zurückweisen des Gorbatschow-We-
ges. Das muß man sich ganz klar machen. Dieses Politbüro arbeitet für den Sturz von Gorbatschow. Mit diesen
Leuten hat man es zu tun. Jetzt machen die Menschen, die
da raus sind, eine ganz große Lebenserfahrung, eine heftige
Lebenserfahrung anderer Art. Sie lernen, was Fremde heißt.
Hinter der Freude, hinter diesem strahlenden Gesicht im
Fernsehen, das den Weg ins Freie fand aus eigener Kraft,
hinter diesem Wegstürzen, dem Höhenflug – was ist, wenn
sie aufkommen? Ist die Landepiste aus Beton? Daran müssen wir denken. Ist für sie und uns, gemeinsam mit den
anderen, den Westdeutschen, den Ungarn, eine Möglichkeit, sich auszutauschen, auszusprechen? Ist ein Dialog in
Augenhöhe möglich? Oder das Knipsen im Fernsehen, in
der Presse, Aufnahmelager und dann verschwinden irgendwo? – Die Gewalt rausnehmen, das Freiwillige rein. Die
Grenzen öffnen – jetzt. Zumindest im Gespräch. Sie alle
mitdenken, nicht abschreiben. Auf doppelte Staatsbürger-
schaften drängen, auf Besuche, Reisen nach Leipzig für
den, der jetzt in Hamburg lebt. Erfahrungsaustausch, jetzt
einen Schritt weitergehen, dafür plädiere ich. Den Zusam-

menhang finden. Leute wie wir, Ralf, würden doch sofort mit der demokratischen Opposition in der DDR zusammenarbeiten durch Besuche, auch fast alle ausgebürgerten Autoren. Also gemeinsame Arbeit. Viele andere auch, in sämtlichen Berufen. Jetzt nicht wieder dulden das Abschreiben! Natürlich, wer jetzt wegstürzt, kann den Zusammenhang auch nicht halten. Aber schon in den ersten Tagen hier wird das Umdenken beginnen. Nicht das Zurückkriechen, das meine ich nicht. Es ist wirklich eine neue, sehr chancenreiche Lage, wenn dieser Zustand begriffen, aufgegriffen und ins Produktive gewendet wird, in den versuchten Dialog.

(Auszug aus dem Gespräch)

## Die D-D-R wird . . . / 40 Jahre . . . / Warte nicht auf beßre Zeiten . . .

Immer größeren Anteil an der ideologischen Arbeit der Partei beansprucht seit Jahren die Vorbereitung auf die Feiern zahlreicher Gedenktage. (Böse Zungen behaupten, die anschwellende Leidenschaft für Gedenkfeiern sei eine Alterserscheinung. Aber darüber reden wir nicht, denn es geht um die DDR, und die wird erst 40.) Jedenfalls ging in der letzten Zeit kaum ein Quartal vorüber, in dem wir nicht irgendeines Jubiläums in der DDR gedenken durften. Geschichte der DDR ist also zu einem nicht unerheblichen Teil Gedenken an Geschichte! 1983, im fünfhundertsten Geburtsjahr des Reformators Martin Luther, konnten wir gleich ein ganzes Jahr lang feiern. Und auch »Sachsens Glanz« und »Preußens Gloria« inklusive des 200. Todestages Friedrichs des Großen (1986) und des 300. Todestages des Großen Kurfürsten (1988) haben wir uns brav erinnert. Ganz heimelig wurde es einem da manchmal ums Herze. Aber dieses Jahr wird's schärfer. Es gibt nämlich bei aller Nostalgie echte »politische Höhepunkte« inmitten der weiterhin steigenden Begeisterung für Gedenktage: die Gründung unserer Arbeiter- und Bauernmacht! Wir dürfen deshalb jetzt schon sicher sein, daß auch das bevorstehende, nicht gerade allzu runde Datum des 40. Jahrestages der DDR am 7. Oktober unseren geplagten Propagandisten Anlaß geben wird, das Land wieder mit ihren Fest-Reden und Fest-Sitzungen zu beglücken. Damit insoweit unser kollektiver Stolz auf die Errungenschaften des Sozialismus »in den Farben der DDR« nicht zu kurz gerät, versammelten sich dann schon mal vorsorglich am 25. Mai dieses Jahres »400 Wissenschaftler, Propagandisten der SED, Vertreter der mit der SED befreundeten Parteien, von Massenorganisationen sowie Gesellschaftswissenschaftler aus elf sozialistischen Ländern«, um auf einer Konferenz in Magdeburg unter dem Motto »40 Jahre DDR – 40 Jahre erfolgreicher Kampf um Sozialismus und Frieden« wissenschaftlich fundiert festzustellen, wie gekonnt unsere politischen Führer das Staatsschiff durch die Wirrnisse des internationalen Klassenkampfes gesteuert haben.

Natürlich hatte niemand damit gerechnet, es werde ausgerechnet in Vorbereitung des 7. Oktober die längst überfällige nüchterne Bilanz von 40 Jahren DDR-Politik aufgemacht. Abgesehen von Ergebnissen der Denkmalpflege – denn die soll ja, wie Wolfgang Venohr vermeldete, ihre Objekte mit kritischem Blick überprüft und »eine umfassende Restaurierung aller Standbilder und Sockel« in Berlin begonnen haben – dürfen wir wohl billigerweise kaum mehr als Bockwürste und Bier erwarten. Ungewohnt ist nur der in diesem Jahr merklich veränderte Grundton in den Vorbereitungsreden unserer Oberen. Zum 30. hörte man sie da noch fröhlicher singen. Zwar wissen wir seit der Frühjahrsmesse 1988 in Leipzig aus allerberufenstem Munde, wie man im Politbüro so denkt. Denn da hatte bekanntlich der Honni dem Wessi Hannes Rau auf dessen Miesepetrigkeit, man solle dem Weine erst zusprechen, wenn die Sonne untergegangen sei, keß mit dem Hinweis auf die Liedzeile »Uns geht die Sonne nicht unter« zugeprostet. Aber das sollte wohl ein Witz sein?! So richtige trotzige Durchhaltestimmung – die ist erst in diesem Jahr in sie gefahren. Wie sich das in der Wirklichkeit anhört? Etwa so: »Der Gegner behauptet immer wieder, die SED halte an überholten Sozialismuskonzeptionen fest«, erklärte Horst Sindermann, seines Zeichens Volkskammerpräsident und seit länger als zwei Jahrzehnten Politbüromitglied, auf der besagten Konferenz in Magdeburg. Dazu müsse man sagen: »Die DDR hält am niedrigsten Brotpreis und am höchsten Fleischverbrauch aller sozialistischen Länder fest.« (Neues Deutschland, 26. 5. 1989, S. 4)

Na, wenn das man keine »Sozialismuskonzeption« für unsere Zeit ist! Fest-Halten ... am höchsten Fleischverbrauch. Sozialismus als Archipel GULASCH? Zwar klingt die Sindermann-Parole nicht ganz so zackig wie das altleninistische Sprüchlein vom »Kommunismus = Sowjetmacht + Elektrifizierung«, wirklichkeitsnäher ist sie aber schon, das muß man zugeben. Immerhin empfiehlt unser Sindermann genau die Moral, die der Brechtsche Macheath im zweiten »Dreigroschen«-Finale aller Welt verkündet mit den Worten: »Wie ihr es immer dreht und wie ihr's immer schiebt / Erst kommt das Fressen, dann kommt die Moral.«

Und der Mann verrät uns, den 12. Parteitag (15.–19. 5. 1990) vor den Augen, so ein ganz klein bißchen, was da auf uns zukommt. Tapeziert wird die gute Stube D-D-R nämlich in nächster Zukunft nicht, will er sagen. Da wird sich dann wohl demnächst der Chorus derer erweitern, die mit Biermann singen: »Manchen hör ich bitter sagen / Sozialismus – schön und gut / Aber ...« Vielleicht wäre der Song vom »falschen Hut«, den »man« uns da aufsetzt, haargenau das richtige Lied zum Fest. Stimmungsmäßig entspricht es ja durchaus einer verbreiteten Seelenverfassung zwischen Elbe und Oder. Jedenfalls solange die Sonne am Nationalfeiertag noch nicht »untergegangen« ist. Denn auch an diesem Tage wird sich wieder mal erweisen: »Alkohol ist der Retter in der Lebensnot«. Verstehn kann man's schon. Verstehen kann man aber auch Sindermann und Genossen, wenn sie die Zeit fest-halten wollen. So schöne Wahlergebnisse, wie es sie in der Vergangenheit gab, wird es wohl demnächst nicht wieder geben. Es riecht zudem im 40. Jahr der Republik auf eine ganz unangenehme Weise in der guten Stube nach Wahlfälschung. Wüßte man starke Freunde an seiner Seite, wäre alles dies nicht gar so schlimm. Aber die werden im Alter weniger. Da bleibt einem dann nur noch der Nicolae C. als Partner für den Bruderkuß. Ja,

wenn man sich nicht mal mehr auf den »Großen Bruder«
verlassen kann, macht am Ende die ganze Feierei nur noch
halb so viel Spaß.

Gerade der »Große Bruder« ist es, der im 40. Jahr der
Republik unsere Politgarde nun schon beinahe täglich mit
seiner »Sozialismuskonzeption« in einer Weise schockt, wie
wir es letztmalig 1952 erleben konnten. 1952 – das war ein
Jahr in der Geschichte der DDR. Sollten wir uns nicht
angesichts des Gorbatschowbesuchs in Bonn mal wieder
daran erinnern, was da alles los war? Wenigstens zwei
Ereignisse verdienen es, im 40. Jahr der Republik erinnert
zu werden. Zunächst: Wie damals das ganze Kollektiv
der Parteiführung ziemlich blaß dastand, als Stalin am
10. März 1952 in der west-östlichen Schlacht um die Mitte
Europas das damals sensationelle Angebot einer Wiedervereinigung in bewaffneter Neutralität unterbreitete. Noch
1963 soll Ministerpräsident Grotewohl zum Sozialistenchef
Pietro Nenni deswegen geäußert haben: »Damals, 1952,
wollte uns Stalin in eine neue Situation stellen, und wir
wissen nicht, wie wir da herausgekommen wären.« Gewiß,
die Stunde kommt nie wieder. Aber die heutigen Bewohner
der frisch tapezierten Kremlstuben sind dafür mindestens
in demselben Maße tatendurstig, wie es »Väterchen Stalin« 1952 war. Und für sie »spricht«, wie Nikolai Portugalow
unlängst schrieb, »nichts dagegen, den Bau des gesamt-
europäischen Hauses zunächst in seinem Mittelteil be-
schleunigt voranzutreiben, mit anderen Worten: in Mittel-
europa. Dadurch könnten, ohne die Interessen anderer
›Mieter‹ zu beeinträchtigen, die Anliegen beider deutscher
Staaten, also aller Deutschen in Europa, gebührend berück-
sichtigt werden.«

Vielleicht wäre die Partei gut beraten, in dieser konkreten
Lage genauso zu verfahren wie 1952. Da gab es schließlich
noch ein weiteres Ereignis, was im 40. Jahr Erwähnung
verdient. Dazumal hatte nämlich Walter Ulbricht – auch an

ihn sei gedacht – den Delegierten der II. Parteikonferenz vorgeschlagen, »daß in der Deutschen Demokratischen Republik der Sozialismus planmäßig aufgebaut wird.« Man könnte doch einen zweiten Versuch machen, mit ein bißchen weniger Fest-Halten, dafür mit mehr »Perestroika« und »Glasnost«. Vielleicht klappt's auf die Weise besser mit dem Sozialismus. Belassen wir's dabei.

Also: Der 40. wird am 7. Oktober gefeiert werden – auf Biegen und Brechen! Aber genau einen Tag später, wenn die gewohnte Mischung aus Broilerdunst und Selbstbeweihräucherung über dem Alexanderplatz verflogen ist, wird der gewaltige Problemberg wieder vor uns stehen, den wir seit Jahren vor uns herschieben. Da stehn wir dann wieder: Gleich dem Tor, der Tag für Tag / An des Flusses Ufer wartet ... Oder? Na ja, vielleicht nicht ganz so. Immerhin ist auch im 40. Jahr der DDR die Schar derer weiter angewachsen, die nicht mehr nur auf »beßre Zeiten« warten wollen. Das läßt hoffen – für die Menschen und die DDR.

*Rolf Henrich*

## »Die Menschen sind so vergeßlich«

*Ein Gespräch zwischen Katja Havemann, Frau des 1982 gestorbenen Nestors der DDR-Opposition Robert Havemann, und Bärbel Bohley, die nach einem im Gefängnis verhängten halbjährigen Zwangsexil in England vor einem Jahr in die DDR zurückkehrte.*

*Bärbel:* Wenn ich hier in Grünheide bin, dann fallen gerade jetzt mir alle die Menschen ein, die hier ein- und ausgegangen sind, und die jetzt im Westen leben: Wolf Biermann, Jürgen Fuchs, Helga Novak . . . viele, viele, die einfach nicht mehr da sind. Gerade jetzt könnten wir sie gut gebrauchen. Und dann fällt mir Robert ein, der ja immer die Hoffnung hatte, daß sich in der SU zuerst etwas bewegen wird. Und dies zu einem Zeitpunkt, als die allgemeine Meinung war: da zuallerletzt.

*Katja:* Das haben alle gedacht.

*Bärbel:* Ja, jetzt ist aber nun doch Roberts Gedanke Wirklichkeit geworden!

*Katja:* Wir haben ja schon öfter darüber gesprochen. Wenn ich fernsehe oder die Zeitung lese, dann habe ich das beklemmende Gefühl, alles, was da in Bewegung geraten ist, das kommt zu spät. Einfach aus dem Grund, weil die Zustände so chaotische Formen angenommen haben. Es wird ganz offenbar, wie groß die Misere ist. Nationalitätenkonflikte zum Beispiel. Es ist so ein Niedergang da, so eine Verrohung und Desorientierung, so eine Demoralisierung, daß man sich nicht vorstellen kann, daß es ohne Riesenkonflikte wie Bürgerkriege abgehen wird. Davor habe ich einfach Angst. Daß alles zusammenbricht, das hat man sich ja nie gewünscht. Davor fürchtet man sich ja auch. Die jetzt in den anderen sozialistischen Ländern Reformen durchführen wollen, die politische Erneuerung wollen und Demokratisierung, die wollen ja auch den Zusammenbruch

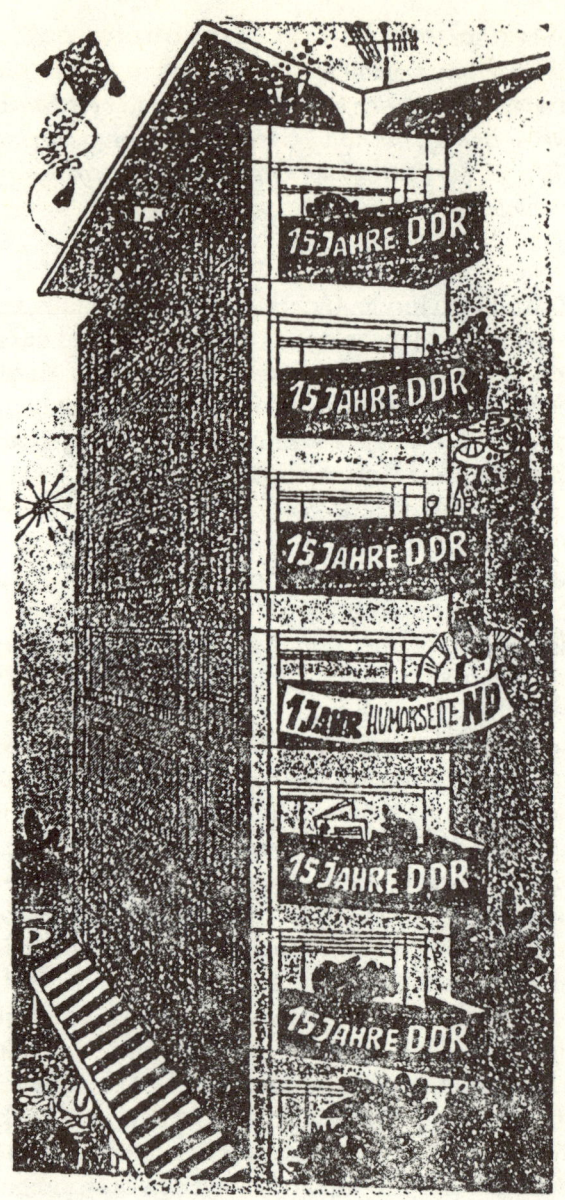

verhindern. Sie wollen doch der Gesellschaft eine Perspektive geben. Eine Prognose zu geben ist sehr schwer, weil man gar nicht weiß, welche Konflikte sich alle unter der Decke des Schweigens entwickelt haben. Man ahnt es nur.

*Bärbel:* Aber es wundert mich auch, wie schnell die Menschen von Demokratie reden, sich Mühe geben, die Konflikte ausfindig zu machen. Als wenn es diese siebzig Jahre des Schweigens nie gegeben hätte. Vielleicht kommt darin auch die Schizophrenie ihres bisherigen Lebens zum Ausdruck. Gedanklich müssen sie sich schon damit auseinandergesetzt haben, sonst könnten sie nicht so deutlich sagen, was sie wollen. Auf der anderen Seite haben sie keine Erfahrung, wie Demokratie zu verwirklichen ist, wie sie gelebt wird.

*Katja:* Hat nicht zu ihrem Leben gehört. Zu unserem ja auch nicht.

*Bärbel:* Augenblicklich sehe ich drei Arten von Reformversuchen. In der Sowjetunion von oben angeordnet, in Polen von unten seit langem gefordert und durch den desolaten Zustand des Landes auch nicht mehr vermeidbar, und dann Ungarn. In Ungarn werden Reformen von unten gefordert, und auch die Partei ist so flexibel, daß sie diese Forderungen zu ihren eigenen machen konnte. Aber die Opposition ist sich nicht einig, ob sie die Macht mit der Partei teilen soll oder nicht.

*Katja:* In Ungarn ist die Partei schon seit längerer Zeit liberaler und vielleicht auch großzügiger. Die Opposition hatte auch schon einen größeren Spielraum als in den anderen sozialistischen Ländern. Die wirtschaftlichen Zustände in Polen und in Ungarn sind auch nicht miteinander zu vergleichen. Die wirtschaftliche Lage in Polen hat wesentlich die Massenbewegung der Solidarność mit gefördert.

*Bärbel:* Mich interessiert das eigentlich mehr von der Frage her, welchen Weg wir gehen werden, was hier möglich ist.

Auch der tschechische Weg interessiert mich. Ich denke, daß da auch ein Weg von unten möglich ist. Die Charta und andere Bewegungen erhalten doch relativ starken Zuspruch aus der Bevölkerung. Es gibt ein Selbstbewußtsein, das auch durch die Niederschlagung des Prager Frühlings nicht vernichtet werden konnte. Bei uns halte ich den Weg von unten für ausgeschlossen. Wir können zwar bohren und schieben, aber bestimmte Einsichten müssen auch von den politisch Verantwortlichen kommen. Bei uns sind zu viele weg, die in der Lage wären, politische Verantwortung zu übernehmen. Aber – muß es bei uns erst so desolat werden, damit unsere Machthaber gezwungen werden, diese notwendigen Einsichten zu entwickeln? Hier fehlt einfach eine Basis von fähigen Leuten, die die Situation analysieren können. Murr-Potential ist natürlich vorhanden, aber die, die konstruktive Gedanken haben, sind zu wenige. Und eben die sind versteinert.

*Katja:* Irgendwie bin ich da auch ratlos. Dieser erste Versuch in der CSSR von 1968 war der erste Versuch von oben, aber im Einklang mit unten, von vielen begrüßt. Das muß was werden, die Partei und das Volk zusammen, das muß was werden ... Niedergeschlagenheit und Empörung dann, als alles zusammengeschlagen war. Und dann Polen – ganz von unten mit einer enormen Massenwirksamkeit. Und die Polen haben es soweit gebracht, daß die Partei quasi abdanken muß. Sie haben sie gezwungen und sind trotzdem nicht zu beneiden, weil das Land so darnieder ist. Und hier sehen wir nicht dieses Potential von unten, und oben sind auch keine Ansätze sichtbar, gibt es keine Initiativen für Reformen und Demokratisierung. Also sind wir eigentlich angewiesen auf die Pragmatiker, die heute schon im ökonomischen Bereich oder auch im Parteiapparat sitzen. Bloß, was die auch nicht wollen, ist Demokratisierung. Sie werden höchstens ein bißchen Liberalisierung zulassen.

*Bärbel:* Nun wird bloß das eine ohne das andere nicht

gehen, eben weil die Leute sich mit Halbheiten nicht mehr locken lassen.

*Katja:* Aber sie würden sich noch locken lassen mit Aussichten auf einen höheren Wohlstand. Bloß den kann man nicht herbeizaubern.

*Bärbel:* Auch mehr Wohlstand läßt sich nur erreichen, wenn man sich mit seiner ganzen Person dafür einsetzt, und das lohnt sich eben nicht.

*Katja:* Das lohnt sich nicht, wenn man dabei auf die vielgepriesene Freizügigkeit verzichten muß. Ja, ich glaube auch, in dem Dilemma stecken die. Es gibt da auch in der nächsten Zeit nicht so etwas wie einen Mittelweg, das spitzt sich zu. Die Ausreisewelle hat eigentlich das in Gang gebracht: daß sie sich bekennen müssen. Aber ich glaube nicht, daß sie in diesen Entscheidungen unabhängig sind von der SU.

*Bärbel:* Auf jeden Fall stecken wir in einem ganz besonderen Dilemma, das einzigartig ist für die Herrschenden und für uns, für beide Seiten. Aber trotzdem muß man sagen, daß die letzten Jahre schon einen gewissen Druck und Angst abgebaut haben. Das hat eben doch die kleine Öffnung mit sich gebracht. Deshalb ist es so traurig, daß dieser Angstverlust nicht eine größere Bereitschaft mit sich gebracht hat, etwas für dieses Land zu riskieren. In diesem Zusammenhang fällt mir immer ein, daß es hier keinen Sinn gibt, ich meine, einen gesellschaftlichen Sinn. So etwas wie ein Ideal oder eine Vorstellung, wie sich und wohin sich die Gesellschaft entwickeln muß oder sollte. Diese Vorschläge müßten doch von der Opposition entwickelt werden. Die müßte Fragen stellen und versuchen, Antworten zu finden. Aber eigentlich gibt es ja in der DDR keine Opposition. Zwar denkt fast jeder oppositionell, aber er äußert sich nicht öffentlich. Und die, die sich äußern, die sind ja vorwiegend an die Kirche gebunden oder haben unter dem Kirchendach Unterschlupf gefunden. Ich denke, daß sich in den letzten Jahren herausgestellt hat, daß die

Kirche als Institution versagt hat. Daß ihr etwas zugekommen ist, was sie gar nicht bewältigen kann. Die Probleme werden kaschiert, die Menschen werden auf spätere Zeiten vertröstet – also es ist keine revolutionäre Kirche. Aber die Gesellschaft braucht eigentlich revolutionäre Gedanken.

*Katja:* Ja, dieser ganze Zustand der Lethargie, des Verzweifeltseins, der Unlust, der kommt ja daher, daß keine Alternative zu dem realen Sozialismus angeboten wird, zu dem realen Sozialismus, der uns bis über beide Ohren steht, und zu der Gesellschaft Westeuropas, die wir auch nicht so, wie sie existiert, haben wollen. Mehr gibt es nicht. Es gibt Kritik vom Biertisch an bis in die Parteigremien hinein, aber es fehlt die Lust, noch einmal etwas Neues zu probieren. Meine Güte, eigentlich liegt es auf der Hand, was zu probieren wäre. Wenn die kleine DDR versuchen würde, die Umweltprobleme wirklich zu lösen! Das Risiko muß man allerdings eingehen, den Leuten klarzumachen: wenn wir dies und das vernachlässigen, dann ist die und die Katastrophe zu erwarten, also müssen wir auch auf dies und jenes verzichten, wir müssen unseren Verbrauch reduzieren, wir müssen unsere Energiepreise ändern . . .

*Bärbel:* Vor allem ist es wichtig, die Wahrheit über dieses Land in Erfahrung zu bringen, die volle Wahrheit, die ja wahrscheinlich schlimmer ist, als wir sehen können.

*Katja:* Das Schlimme ist aber, daß selbst der sichtbare Zustand sie nicht zwingt, die Wahrheit zu sagen. Und du kannst fürs Wahrheitsagen immer noch so eins drüber bekommen, und nur, damit sie noch eine Weile ihre Sicht der Welt aufrechterhalten können. Da steckt noch immer das Gefühl dahinter: Wir haben eine Polizei und die Staatssicherheit, und ihr habt noch nicht mal eine eigene Zeitung, ihr habt das Maul zu halten.

*Bärbel:* Aber wir haben doch schon allerhand Überraschungen erlebt, und wer weiß, ob nicht auch die Staatssicherheit auf Erlösung wartet und die vielleicht zuerst überläuft.

*Katja:* Das stimmt, manchmal denkt man: mein Gott, was sind das für Spekulationen! Aber dann gibt es Situationen, die die kühnsten Spekulationen in den Schatten stellen. Eigentlich könnten wir doch noch viel mehr lachen. Aber dann diese Klagen über die furchtbar schlechte Versorgung – das stimmt ja auch alles, aber irgendwie ist es auch eine Mickrigkeit. Es geht dem DDR-Bürger völlig ab, sich auch mal in einem anderen Maßstab zu sehen, mal im Verhältnis zum größten Teil der Welt, wo ganz andere Zustände herrschen. Wir können doch lachen, bei uns geht es nicht ums Leben, selbst wenn wir Sachen machen, die nicht im Einklang mit den Mächtigen stehen – nicht mal ums Wohlleben. Aber dieses Wohlleben ist ein relativer Begriff.

*Bärbel:* Ja, aber an die Menschen zu appellieren und auf Einsicht zu hoffen halte ich für sehr schwierig. Ich denke, das Hauptproblem ist, daß die Menschen nicht bestimmen können, wofür sie ihre Kräfte einsetzen. Der eine will sich bilden, der andere will reisen, der nächste wieder was anderes. Sie werden ganz abstrakt verdonnert, sich für etwas einzusetzen, was mit ihnen persönlich wenig zu tun hat. Dieses Etwas nennen sie Sozialismus. Sie werden nicht gefragt: wofür möchtest du deine Kräfte einsetzen? Du bist eigentlich fremdgeleitet.

*Katja:* Das hörst du ja vor allem von jungen Leuten, daß sie das persönliche Ziel, das sie haben, hier einfach nicht realisieren können, nicht mal ansatzweise. Sie hoffen, daß sie das im Westen können.

*Bärbel:* Deshalb kann man eben niemanden davon abhalten wegzugehen, auch nicht mit Sätzen wie: alle haben Arbeit, alle haben zu essen. Man kann es eben niemandem vorwerfen, daß er sich hier nicht wohlfühlt, selbst wenn woanders die Menschen sehr viel schlechter leben. Das ist eben relativ. Da kommt ja auch Individualität zum Ausdruck, und in den letzten Jahren ist die doch völlig falsch gesteuert worden. Konsum ist wichtig, leiste was, leiste dir was. Und dieser Gedanke läßt sich natürlich in der DDR nicht verwirklichen. Also, wenn du dich auf Konsum hast drängen lassen, dann mußt du eigentlich eines Tages hier weggehen.

*Katja:* Wie du schon sagtest: hier gibt es eben kein gesellschaftliches Ziel, wonach sich ein großer Teil der Leute sehnt, außer Konsum. Einen normalen, annehmbaren Lebensstandard wollen alle. Ihre kreative Kraft müssen sie vergeuden, indem sie mit größter Hingabe ihre Datsche oder ihren Zeltplatz verteidigen und ausbauen ... oder sonstwas machen. Aber da, wo sie acht Stunden arbeiten, fühlen sie sich oft nur eingeengt und deplaciert. – Die verbreitete Befindlichkeit der DDR-Bürger hat ja viele Quellen, und eine Quelle für dieses Eigentlich-gar-nicht-hier-Sein, das Land nicht zu akzeptieren als das Land, zu dem man gehört und in dem man was zu tun hat, ist sicher, daß sie geistig im Westen leben. Aber diese Orientierung im Hinblick auf den Lebensstil hängt ja auch wieder damit zusammen, daß sie sich hier so ohnmächtig fühlen. Sie müssen einfach ein Pseudoleben auf vielen Ebenen führen, denn wenn sie versuchen, so ein Leben zu führen, wie sie es wollen, dann werden sie ganz schnell zu Außenseitern und Querulanten abgestempelt.

*Bärbel:* ... Und irgendwann haben sie so genug von dieser Gesellschaft, daß sie die Koffer packen und weggehen ...

*Katja:* ... Und die im Westen fühlen sich zu Recht in der stärkeren Position, wenn Tausende und Abertausende in den Westen kommen und nicht umgekehrt. Dabei wäre es unbedingt notwendig, daß sie ihre Politik überdenken. Wenn ein paar Grüne und einzelne SPD-Politiker sagen: Jetzt wird's Zeit, daß die Bundesrepublik die DDR-Staatsbürgerschaft anerkennt und damit die sowieso bestehenden Realitäten mal klarstellt und sanktioniert, dann müssen sie gar nicht hinhören. Es muß wahrscheinlich noch eine andere Form von Druck geben. Ich weiß nicht, ob es nützt, wenn hier Leute außerhalb der SED sagen würden: Ich finde es würdelos, als Bundesbürger betrachtet zu werden, ich bin DDR-Bürger. Sicher wird da auch auf der Ebene der Geheimdiplomatie drüber diskutiert, aber ich finde es schon lange überfällig, daß die DDR-Staatsbürgerschaft anerkannt wird.

*Bärbel:* Es ist absurd, Forderungen zu stellen, wie man sie an einen Staat stellt – also die Grenzen durchlässiger zu machen, sie zu überwinden – und es ihm gleichzeitig abzusprechen, daß er einer ist und auch Staatsbürger hat. Diese Forderung auszusprechen und ernstzunehmen verlangt als Voraussetzung für mich, die Realität anzuerkennen. Wie sich das zukünftig entwickelt, ist eine ganz andere Frage.

*Katja:* Das finde ich auch. Das ist der Ausgangspunkt für Überlegungen, die die Zukunft betreffen. Diese Überlegungen sind dringend notwendig, nicht nur von oben, sondern auch von unten. Und da wäre es schon dringend notwendig, daß die Bundesrepublik die Realitäten anerkennt. Das zeigt auch die gegenwärtige Situation. Eigentlich wollen sie die vielen DDR-Bürger gar nicht mehr haben und machen hilflose Überredungsversuche, sie sollen doch zu Hause bleiben. Lafontaine sagt sogar, ihr Weggang gefährde die DDR-Staatlichkeit. Ja, was für eine Staatlichkeit sollen sie denn gefährden, wenn sie die nicht mal anerkennen, es angeblich nicht mit ihrem Grundgesetz vereinbaren können, diesen Passus zu streichen. Nebenbei gesagt fände ich es nur gerecht, wenn DDR-Bürger ihren Weggang begründen müßten, wenn sie Asylanträge stellen müßten und nicht automatisch Bundesbürger werden würden. Gerade im Hinblick auf die vielen Asylsuchenden aus aller Welt, die schlecht behandelt werden, fände ich es gerecht.

*Bärbel:* Das sagst du natürlich aus einem globalen Denken heraus, zu dem wenige fähig sind und das wenige verstehen. Aber gerade das muß entwickelt werden, in Ost und West, oben und unten.

*Katja:* Man muß davon reden, daß der ganze reale Sozialismus einfach nichts weiter ist – nichts weiter war, kann man schon sagen – als eine Fiktion. Die hatten unsere Oberen, und die haben es mit den unterschiedlichsten Mitteln geschafft, daß alle mitspielen in ihrem Spiel, ihre Fiktion mittragen. Und jetzt kriegen sie die Quittung dafür. Plötzlich haben die Statisten keine Lust mehr, ihre Rolle weiterzuspielen. Jetzt sagen die da oben: Wir wollen keinen Kapitalismus. Ich will auch keinen Kapitalismus. Aber von Sozialismus zu reden, der nur noch zu verbessern und zu verändern wäre, das hat sich wohl erübrigt.

*Bärbel:* Trotzdem bleibt das Problem, das, glaube ich, keines der sozialistischen Länder in diesem Ausmaß hat, daß seit vierzig Jahren die Leute abgewandert sind und vertrieben wurden, die das durchschaut haben. Es wachsen trotzdem immer wieder welche nach, aber doch mit ganz anderen Ansprüchen, die sich viel individueller artikulieren, ohne eine politische Mission miterfüllen zu wollen.

*Katja:* Uns ist ja dieser Kollektivgeist eingebleut worden. Wenn mich vieles angezogen hat von dem marxistischen Gedankengut, dann war doch im nächsten Moment klar, daß es in tiefem Kontrast steht zu meinen täglichen wirklichen Erfahrungen. Das waren anziehende Gedanken, die aber nichts mit meiner Gegenwart zu tun hatten. Im Gegenteil – durch die Verballhornung dieser Gedanken ist verhindert worden, etwas davon in die Gegenwart zu bringen. Diese Erfahrung ist, glaube ich, in unserer Generation weit verbreitet. Und unsere Kinder – die interessieren sich im Grunde genommen schon nicht mehr für diese Gedanken, für die ist die Wirklichkeit so durchschlagend ... Und wir können ihnen davon auch nichts glaubwürdig nahebringen. Wir haben auch gar nicht die Ambition. Wir haben die Ambition, ihnen nahezubringen, wie man sich hier wehren kann, seine persönliche Würde verteidigen kann und seinen Weg finden, ohne an der allgemeinen Heuchelei teilzunehmen. Und das ist schon schwer genug. Aber wenn ich so daran denke, was ich alles mit achtzehn Jahren gelesen habe, das würde meine Tochter gar nicht interessieren.

*Bärbel:* Das war mit meinem Sohn eigentlich genauso. Aber plötzlich im Westen hat er angefangen, die Vernehmungsprotokolle von Jürgen Fuchs zu lesen. Jahrelang hat das zu Hause rumgestanden, und er hat nicht reingesehen. Da ist bei ihm ein großer Sprung passiert. Seit er wieder da ist, interessiert er sich schon sehr dafür.

*Katja:* Er hat ja auch eine extreme persönliche Erfahrung gemacht. Die machen aber nur wenige. – Also ich denke mir, daß die DDR unbedingt allen, die jetzt abgehauen sind, auch illegal über Ungarn, die Möglichkeit geben müßte, ganz unbürokratisch zurückzukommen. Denn gerade bei den jungen Leuten ist das wie eine Massenpsychose, wie eine Kettenreaktion. Viele werden drüben ankommen und denken: Jetzt sind wir auf Besuchsreise. Und plötzlich wird ihnen klar: das ist endgültig. Wahrscheinlich werden es die wenigsten bedauern, aber die zurückkommen wollen, aus welchen Gründen auch immer, die müssen zurückkommen können.

*Bärbel:* Manchmal habe ich das Gefühl, daß sich der größte Teil der Gesellschaft immer nur mit der Gegenwart beschäftigt. Daß wir einfach unfähig sind, die Fragen der Vergangenheit zu beantworten, oder die Fragen der Zukunft. Gerade diese Geschichtslosigkeit bei uns bringt ja auch eine große Beziehungslosigkeit mit sich, auch eine zu diesem Land. Du findest ja zum Beispiel niemanden, der bereit wäre, über seine stalinistische Vergangenheit zu sprechen, weder über das, was er als Opfer zu erleiden hatte, noch über das, was er als Täter zu verantworten hat. Neulich habe ich von einem alten Genossen erfahren, daß er auf seine Rehabilitierung hofft und die nicht gefährden will, und deshalb zu Fragen, die den Stalinismus betreffen, lieber schweigen will ... Weißt du, es gibt sicher Leute, die von dir erwarten, daß du dich für Roberts Rehabilitierung einsetzt.

*Katja:* Könnte man, mache ich aber nicht. Und zwar deshalb, weil Robert ja doch etwas abstach von den Antifaschisten und Begründern der DDR, die heute noch leben. Er war ja von einem bestimmten Punkt an ein Dissident und ist das auch bis an sein Lebensende geblieben. Ihn kannst du nicht vergleichen mit denen, die heute noch hier leben. Die auch noch in der Partei sind oder Veteranen, VdN, die früher hohe Funktionen hatten, die sie dann allerdings verloren haben, weil sie in irgendwelche Mühlen gerieten. Und die bis heute still sind und ihre Rente genießen – oder nicht genießen, weil sie ein schlechtes Gewissen haben. Robert hat an einem bestimmten Punkt laut und deutlich gesagt: Ja, ich hatte unrecht, ich war Stalinist und aus diesen und jenen Gründen bin ich es nicht mehr, und ich halte den Stalinismus für das Allerschlimmste, er diskreditiert den Sozialismus, wir müssen was Neues machen. Aber die vielen anderen sind ja noch nie an den Punkt gekommen zu sagen: Ich habe mich mit dieser Idee identifiziert, habe aber gemerkt, daß ich Unrecht getan habe, ich habe mich verstrickt. Etwas pathetisch ausgedrückt: sie haben ihr Herzblut für eine falsche Sache vergossen, und das können sie sich nicht eingestehen. Sie lassen sich dafür entschädigen, indem sie ein paar kleine Privilegien haben und einen ruhigen Lebensabend, und auch ab und zu reisen können. Aber ich habe auch keine Lust, diese Alten zu pieken. Sie tun mir höchstens leid. Es ist doch ihre verpaßte Chance und nicht meine. Sie kommen einfach nicht weg von ihrer Gläubigkeit. Geradezu mit Inbrunst hoffen manche von ihnen und glauben an Gorbatschow, daß Gorbatschow alles wenden und schaffen wird. Sie selber haben am eigenen Leib so viel Geschichte erfahren müssen – und da glauben sie, daß ein Mensch das schaffen kann und hoffen auf ihn wie auf den Erlöser!

*Bärbel:* Man könnte sagen: Na gut, die sterben bald, lassen wir das ruhen. Wenn das aber eine Bedeutung hat, dann hat es, denke ich, auch noch mal für unsere Kinder eine. Sie interessieren sich eigentlich nicht für Geschichte, weil sie etwas Totes geworden ist, nichts Lebendiges.

*Katja:* Halbwahr und gelogen.

*Bärbel:* Trotzdem glaube ich, daß man ohne Geschichtsbewußtsein Zukunft nicht gestalten kann. Und Zukunft gestalten werden unsere Kinder. Wir versuchen, die Gegenwart ein bißchen zu verändern, aber für die Zukunft sind die heute Zwanzigjährigen verantwortlich. Ich fühle mich verantwortlich, ihnen Zugang zu verschaffen zu unserer Geschichte – es ist ja auch unsere. Es ist wichtiger, daß die Alten das selber sagen, was sie für eine Scheiße gebaut haben, als daß wir das sagen. Sie müssen sagen, so wie es der Arthur Koestler gesagt hat, daß sie die Menschheit über den Menschen gestellt haben. Was für die Zukunft, denke ich, genau umgedreht sein müßte. Da müßte doch der Mensch über den abstrakten Begriff Menschheit gestellt werden. Von daher bin ich schon traurig, daß niemand so richtig bohrt und kramt. Das zeugt in gewisser Weise schon von unserer eigenen Geschichtslosigkeit.

*Katja:* Na ja, wir lesen die wenigen Zeugnisse, die ein paar Leute verfaßt haben aus dieser Zeit und es betrifft uns sehr. Aber die Zeugen, die noch leben, die lassen wir links liegen. Aber du kannst doch die Wahrheit auch aus niemandem herauspressen. Vor allem, wenn er sie schon für sich selbst so verdreht hat, daß er sie schon gar nicht mehr weiß.

*Bärbel:* Es ist wirklich erschütternd, daß die Kommunistische Partei Tausende von Mitgliedern hatte, die die Auswirkungen des Stalinismus am eigenen Leib erfahren haben, und daß man diejenigen an zwei Händen abzählen kann, die dazu mal was gesagt haben.

*Katja:* Das stimmt. Diese wenigen sind ja auch in den Westen gegangen. Und hier hat es den Anschein, als seien alle in der etablierten Staatsmacht aufgegangen.

*Bärbel:* Deshalb ist ihnen ja das Schweigen so leicht gefallen. Sie haben sich schuldig gemacht und gleichzeitig haben sie unter dem System gelitten. Eigentlich sind sie doch Opfer und Täter zugleich, beides in einer Person. Aber an dem Geschichte-Machen nach 1945 sind sie wahrscheinlich nur mit ihrem Täteranteil beteiligt, denn sonst hätte doch unsere Geschichte eine andere sein müssen. Sie haben nichts aus ihrer Geschichte gelernt, im Gegenteil, wieder haben sie die Menschen unterdrückt und geknechtet. Jetzt haben sie Macht gehabt. Aber vielleicht haben sie deshalb auch so leicht Entschuldigungen finden können für ihr Schweigen über die Greueltaten des Stalinismus.

*Katja:* Irgend etwas muß daran sein ... Aber wenn man mit den wenigen, die man als Gesprächspartner hat, über die fünfziger Jahre spricht, dann reden sie darüber wie jemand, der eigentlich dagegen war. Das ist einfach über sie hinweggerollt, obwohl sie damals hohe Funktionen hatten. Sie reden mit einer Distanz, die sie gar nicht hatten und nicht haben konnten. Die fühlen sich nicht mitverantwortlich, das haben sie verdrängt. In einem Gespräch kam ich mal mit einem von ihnen auf den fürchterlichen Zustand der Volksbildung zu sprechen. Und da sagt er: Ja, ich kann mich noch erinnern, was wir in den Anfangszeiten der DDR für Pläne hatten. Wir selber waren geprägt durch die bürgerliche Schule und Erziehung. Was wollten wir alles tun! Die Schule von jeder Bigotterie, jedem Kleinbürgertum und kleinkarierten Leistungsstreben befreien! Wir wollten freie Modelle, Schulen, wie es sie noch nie auf der Erde gab ... Na und, war nur ihre Phantasie ...

*Bärbel:* Und dann haben sie sich wieder der Notwendigkeit gebeugt.

*Katja:* Immer wieder der vielgepriesenen »objektiven Notwendigkeit« ...

*Bärbel:* Ja, das ist wirklich wichtig, daß es noch ein paar Leute gibt, die die nicht anerkennen, sie spiegelverkehrt sehen. Eine objektive Notwendigkeit gibt es für mich auch, aber die hat völlig andere Inhalte. – Ich halte es für notwendig, daß diese Leute nun endlich mal abtreten.

*Katja:* Ja, aber wie kann man das befördern? Wie kann man Leuten, die sich selbst so in die Enge getrieben haben, auf so eine einsame Spitze, wie kann man es denen erleichtern, da runter zu kommen? Daß sie Angst haben, sich das Genick zu brechen, das kann man ja nachvollziehen, auch wenn sie nicht unsere Freunde sind. Da braucht man vielleicht ein paar Psychologen ...

*Bärbel:* Das hat doch schon die Kirche versucht, indem sie sagt: wir wollen nicht die Macht, wir wollen nur, daß die Mächtigen sie besser gebrauchen. Aber das halte ich auch für eine Lüge. Ich glaube, sie sind unfähig und gar nicht gewillt, ihre Macht anders zu gebrauchen. Ich möchte nicht, daß bei der Abgabe der Macht Blut fließt oder überhaupt Gewalt im Spiel ist. Es wäre schon gut, wenn sie aus Einsicht zustandekommen würde. Aber ich glaube, diese Einsicht verhindert man, wenn man nicht sagt, daß die Macht abgegeben werden muß.

*Katja:* Aber sie haben Angst vor der Rache, die haben sie, ob wir wollen oder nicht. Die haben wirklich das Trauma vom 17. Juni, daß sie an einem Pfahl baumeln könnten, verinnerlicht. Es ist bestimmt nicht so, daß sie nur an ihren Privilegien hängen. Irgendwann wird man auch müde, diesen merkwürdigen Luxus im Ghetto zu genießen. Das geht viel tiefer. Ich glaube, man kann ihnen nur helfen, indem man ihnen klarmacht, daß sie doch noch eine Chance haben, positiv in die Weltgeschichte einzugehen. Denn wenn sie das auf die Spitze treiben, was sie die ganze Zeit probieren, dann gehen sie in die Weltgeschichte ein wie ...

*Bärbel:* Deng Xiao Ping ...

*Katja:* Ja, wahrscheinlich ... Noch ist es nicht zu spät, noch können sie anders in die Geschichte eingehen. Die Menschen sind so vergeßlich und so dankbar, wenn sich jemand auch noch am Ende seines Lebens wandelt.

*Die Konstruktion des Lebens liegt im Augenblick weit mehr in der Gewalt von Fakten als von Überzeugungen. Und zwar von solchen Fakten, wie sie zur Grundlage von Überzeugungen fast nie und nirgend geworden sind. Unter diesen Umständen kann wahre literarische Aktivität nicht beanspruchen, in literarischem Rahmen sich abzuspielen – vielmehr ist das der übliche Ausdruck ihrer Unfruchtbarkeit. Die bedeutende literarische Wirksamkeit kann nur in strengem Wechsel von Tun und Schreiben zustande kommen; sie muß die unscheinbaren Formen, die ihrem Einfluß in tätigen Gemeinschaften besser entsprechen als die anspruchsvolle universale Geste des Buches, in Flugblättern, Broschüren, Zeitschriftartikeln und Plakaten ausbilden. Nur diese prompte Sprache zeigt sich dem Augenblick wirkend gewachsen. Meinungen sind für den Riesenapparat des gesellschaftlichen Lebens, was Öl für Maschinen; man stellt sich nicht vor eine Turbine und übergießt sie mit Maschinenöl. Man spritzt ein wenig davon in verborgene Nieten und Fugen, die man kennen muß.*

*Walter Benjamin*